创客动手做

戴嘉谦　张宜婕　戴晶晶　编

科学普及出版社
·北京·

图书在版编目（CIP）数据

创客动手做 / 戴嘉谦，张宜婕，戴晶晶编．—北京：科学普及出版社，2018.12

ISBN 978-7-110-09849-3

Ⅰ. ①创… Ⅱ. ①戴… ②张… ③戴… Ⅲ. ①电子元件—小学—课外读物 ②传感器—小学—课外读物 Ⅳ. ① G624.63

中国版本图书馆 CIP 数据核字（2018）第 150333 号

策划编辑	郑洪炜
责任编辑	李　洁　史朋飞
装帧设计	中文天地
责任校对	凌红霞
责任印制	马宇晨

出　　版	科学普及出版社
发　　行	中国科学技术出版社发行部
地　　址	北京市海淀区中关村南大街16号
邮　　编	100081
发行电话	010-62173865
投稿电话	010-63581070
网　　址	http://www.cspbooks.com.cn

开　　本	787mm×1092mm　1/16
字　　数	100千字
印　　张	8.5
插　　页	28
印　　数	1—5000册
版　　次	2018年12月第1版
印　　次	2018年12月第1次印刷
印　　刷	北京盛通印刷股份有限公司
书　　号	ISBN 978-7-110-09849-3 / G・4132
定　　价	38.00元

（凡购买本社图书，如有缺页、倒页、脱页者，本社发行部负责调换）

前言

《创客动手做》是一门涉及动手技能、电子知识、工程设计、创意设计的STEAM动手实践课程。本书共有16个学习单元，包括对10种电子模块、9种手工工具、15种结构材料的认识和使用。学生能够了解和学习微型声、光、动力和光敏、红外、倾斜等传感电子器件的使用，认识和使用基本的剪切工具、粘接材料、纸木结构材料，并根据这些元器件和材料的功能特点设计制作电子创客作品。本书适用于三年级以上的小学生。

《创客动手做》是中国青少年科技辅导员协会组织编写的工程技术类青少年科技活动实用案例集中的一个主题。成立于1981年的中国青少年科技辅导员协会，致力于加强科技辅导员队伍建设，开展线上线下的培训活动，提高科技辅导员的专业素养，为科技辅导员开展青少年科技教育活动提供资源服务。为贯彻落实《全民科学素质行动计划纲要（2006—2010—2020年）》，中国青少年科技辅导员协会根据科技教育活动的新发展，以及广大科技辅导员开展青少年科技教育活动的需求，组织编写了突出信息技术特色的工程技术类科技活动系列案例集。该系列案例集根据不同主题介绍与活动内容相关的背景知识、教材资料、活动组织流程、活动实施的方法（技巧）、器材工具、评估方法等。中小学科技教师、校外科技场所的科技辅导员、科普志愿者可以参考使用，设计和组织开展青少年科技活动；青少年也可以根据教材内容，自主开展相关活动。

本系列教材的出版得到中国科协科普部2017年科技辅导员继续教育项目的支持，在此表示感谢。

中国青少年科技辅导员协会

2018年4月

目录

愤怒的小鸟	1
重力迷宫	10
纸箱售卖机	16
反重力装置	28
纸箱小·吉他	36
放大声音兽	43
电流急急棒	51
勇者光剑	57
弹力火箭	64
今天吃什么	73
洗衣刷碰碰车	81
纸飞机发射器	88
滚动电视机	97
会说话的相框	106
感应磁铁廊灯	113
贝壳小·夜灯	122
纸模	133

愤怒的小鸟

图1.1

一、制作介绍

还记得风靡一时的游戏《愤怒的小鸟》吗？患有易怒症的胖红和呆呆的绿猪给我们留下了很深的印象，也给我们的生活带来了很多欢乐。今天，我们要利用杠杆原理与橡皮筋的弹力特性制作一个愤怒的小鸟投石机。用竹筷作为支点，金属勺当作投石机的力臂。移动金属勺调整支点位置，手指下压启动投石机，调整下压的角度即可控制子弹发射的距离，从而成功击中目标物！

二、知识拓展

"给我一个支点，我就能撬起地球"这句话不仅是催人奋进的警句，更蕴含着严格的科学依据。在使用杠杆时，为了省力，就应该用动力臂比阻力臂长的杠杆；如果想要省距离，就应该用动力臂比阻力臂短的杠杆。因此，使用杠杆可以省力，也可以省距离。但是，要想省力，就必须多移动距离；要想少移动距离，就必须多费些力。

三、材料清单

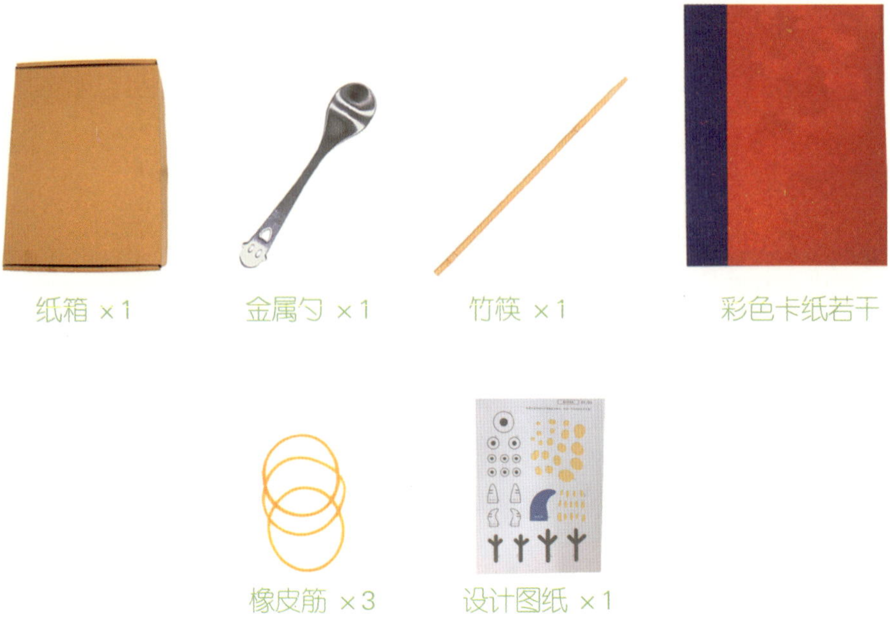

纸箱 ×1　　金属勺 ×1　　竹筷 ×1　　彩色卡纸若干

橡皮筋 ×3　　设计图纸 ×1

图 1.2

四、工具清单

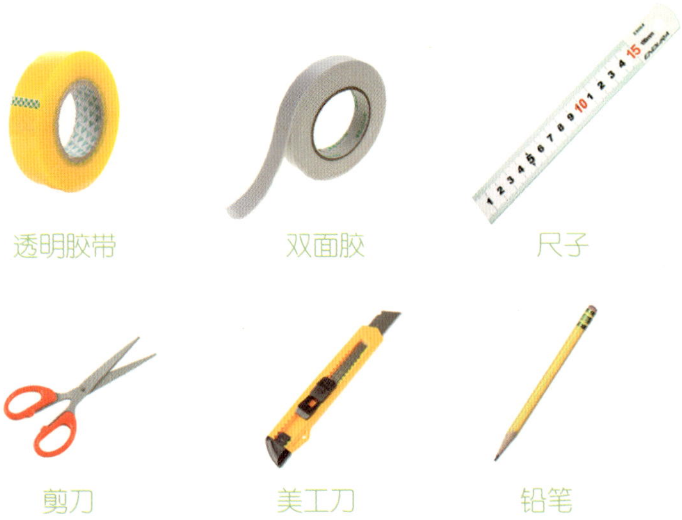

透明胶带　　双面胶　　尺子

剪刀　　美工刀　　铅笔

图 1.3

五、操作步骤

步骤 1

将纸箱板裁成一个长 16 厘米、宽 8 厘米的长方形作为底板，一个长 18 厘米、宽 8 厘米的长方形作为支架。

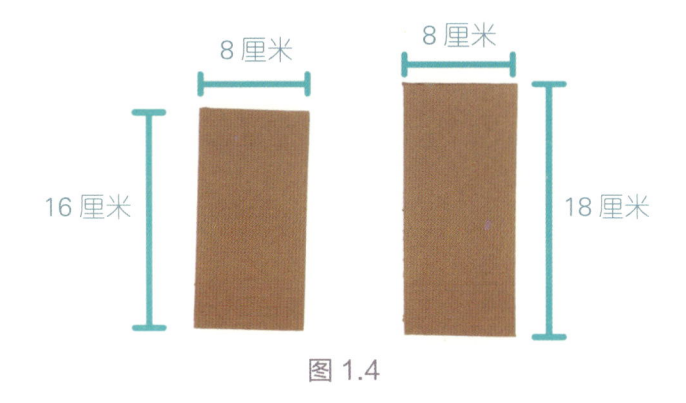

图 1.4

步骤 2

用彩纸包住纸板，并用双面胶或胶水将其粘贴牢固。（家中没有彩纸也可以用水彩笔在白纸上涂色）

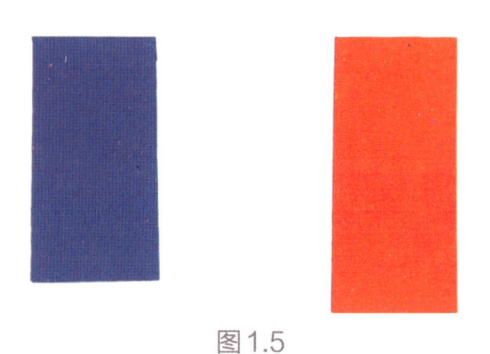

图 1.5

创客动手做

步骤 3

取出彩色的长 18 厘米、宽 8 厘米的长方形纸板，在长边 9 厘米处对折，在两端 2 厘米处分别反折。

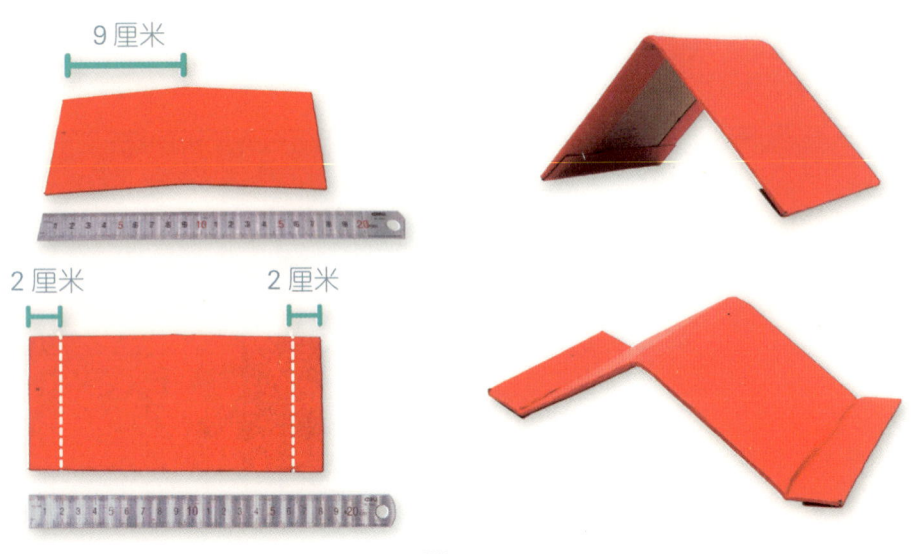

图 1.6

步骤 4

得到如图所示的一块纸板。在对折中线处，用剪刀剪出宽 2 厘米、深 2 厘米的切口。将切口折进去，得到一个凹口，此时支架就做好了。

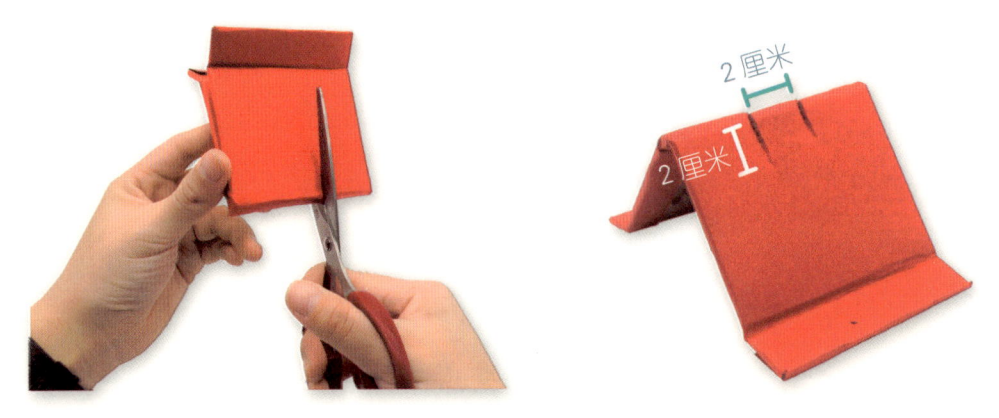

图 1.7

图 1.8

步骤 5

取出另一块长 16 厘米、宽 8 厘米的底板，用透明胶带将上一步做好的支架固定在底板的正中央，为保证支架稳固，支架中间记得保留 2 厘米的距离哦！

2 厘米

图 1.9

步骤 6

取出一支金属勺，用橡皮筋将竹筷的一端固定在金属勺上，保证它们互相垂直。

图 1.10

步骤 7

将竹筷的长端从支架的中间穿进切口，直到金属勺刚好放在切口处。将竹筷的短端穿进切口的另一端，移动筷子与金属勺的相对位置，直到金属勺恰好位于竹筷的正中间。

图 1.11

步骤 8

在金属勺手柄所在端底板的两侧，用剪刀剪出 1 厘米长的切口。

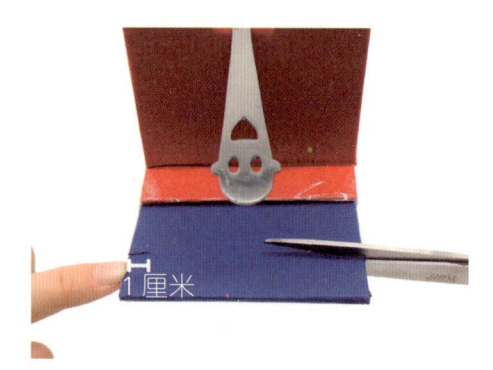

图 1.12

步骤 9

在金属勺的手柄尾端缠上一条橡皮筋,以达到防滑的目的。

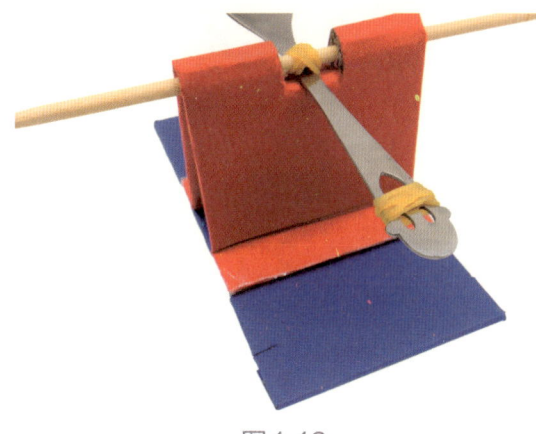

图 1.13

步骤 10

将金属勺手柄所套的橡皮筋的另一端套在底板两侧的切口处。

图 1.14

步骤 11

最后在支架上贴上或画上愤怒的小鸟的脸,这样就做好了!

图1.15

六、实验与创新

将小废纸团、乒乓球、塑料瓶盖当作"子弹",开始做游戏吧!

小贴士

注意:不要将目标对准人或小动物,以免误伤他(它)们。

玩法一:积分赛

取出卫生纸卷筒、纸杯或塑料杯,在上面写上分数,每人10发"子弹",大家就可以来场积分大战啦!

图1.16

玩法二：准确赛

将纸杯当作愤怒的小鸟攻击的目标，可以将纸杯堆成不同的形状，或者将家中的书本、纸盒排列出难度不同的关卡，攻击不同位置的纸杯。

图 1.17

玩法三：默契反应赛

两人一组，一人当发射手，一人拿着纸杯当捕手，每组 10 发"子弹"，看哪队能在子弹落地前接到的最多。

> **小贴士**
>
> 如果你想知道《创客动手做》相关课程的更多信息，可以通过登录科技学堂官网进一步了解。

重力迷宫

图 2.1

一、制作介绍

大家玩过迷宫游戏吗？迷宫游戏一般有几种走法？大家是否想要自己亲自设计一个迷宫呢？今天，就让我们利用生活中常见的吸管、瓶盖、纸卷筒与废旧纸箱制作一个酷炫的重力迷宫吧！

二、知识拓展

当弹珠在纸箱迷宫中移动时，因受到重力与迷宫平台斜度的影响，具有不同的移动速度，加大倾斜角度或加重弹珠的重量，弹珠的移动速度就会变快；减小倾斜角度或减轻弹珠的重量，弹珠的移动速度就会变慢。当我们左右倾斜迷宫平台时，弹珠的移动速度和方向会随之改变，调整好角度与方位，弹珠就可以轻松地越过重重障碍到达终点啦！

三、材料清单

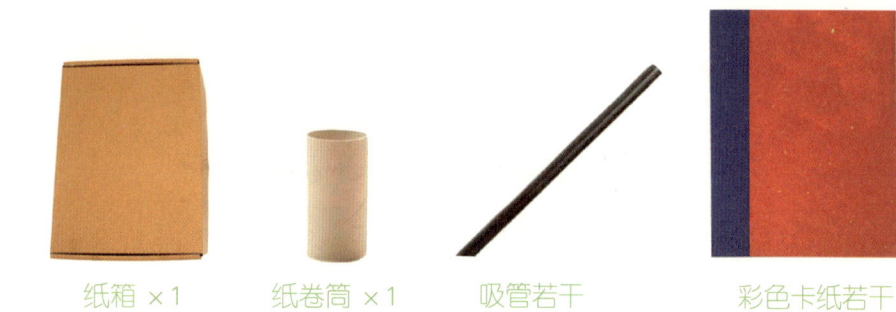

纸箱 ×1　　纸卷筒 ×1　　吸管若干　　彩色卡纸若干

瓶盖 ×1　　弹珠 ×1　　设计图纸 ×1

图 2.2

四、工具清单

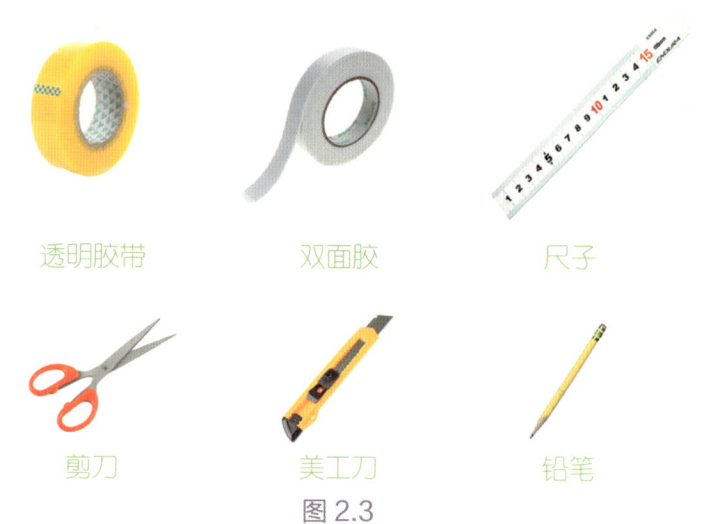

透明胶带　　双面胶　　尺子

剪刀　　美工刀　　铅笔

图 2.3

除以上材料外,你还可以搜集一些非必需材料,让你的迷宫更加有创意。例如,塑料罐、瓶盖、纸卷筒、剪纸箱剩下的废纸箱板等。

创客动手做

五、操作步骤

步骤 1

取出纸箱，用双面胶或胶水将彩纸或白纸粘贴在纸箱内部作装饰。

图 2.4

步骤 2

拿出吸管，试着在纸箱的底部排出一个迷宫路径。

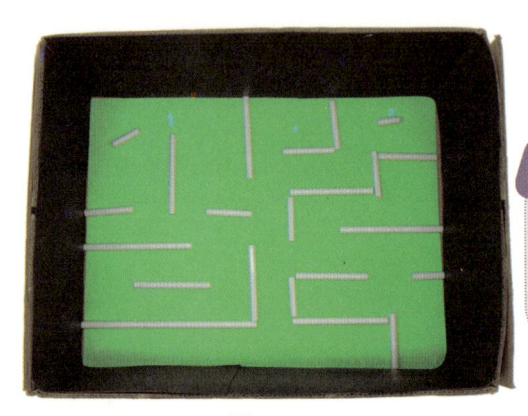

小贴士

大家在排吸管之前，可以先用铅笔在底部画上草稿！

图 2.5

步骤 3

在将吸管固定在底板上前，选择你要使用的弹珠、乒乓球或圆形串珠的大小。

重力迷宫

图 2.6

步骤 4

如果你选择的球的尺寸比较大，可以将两根吸管叠在一起，加高迷宫的轨道。确定好需要粘贴吸管的位置后，用透明胶带将吸管轨道固定在底板上。

图 2.7

步骤 5

如图为固定好的所有轨道。

图 2.8

步骤 6

在底板上贴上起点与终点，最基本的纸箱迷宫构架就做好啦！

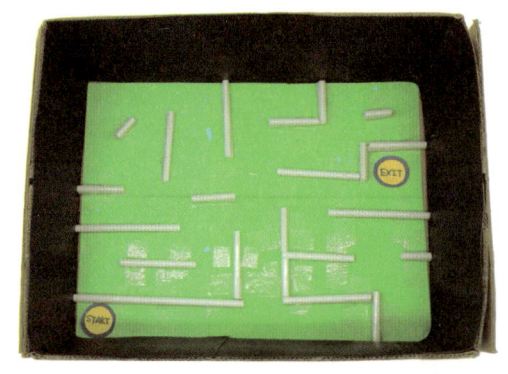

图 2.9

创客动手做

步骤 7

完成基本迷宫构架后,你可以利用身边触手可及的材料为你的迷宫设计重重关卡。

第一种——小坡道:剪下一块长方形的废纸板后对折,就会得到一个有坡度的纸轨道。在它背后折痕处贴上一根吸管,可以增强它的支撑力。制作完成,别忘了贴上相应的标示图纸。

第二种——此路不通:剪下一块长方形的废纸板,折成一个三角形后用胶带固定,就会得到一个道路阻挡牌。制作完成后,别忘了贴上相应的标示图纸。

图 2.10

第三种——隧道:将纸卷筒裁成需要的长度,制作完成后,贴上相应的标示图纸。(没有纸卷筒也可以用塑料瓶剪出同样的效果。)

图 2.11

步骤 8

将你制作的障碍物设置在迷宫中,装饰后,我们的进阶版迷宫就做好啦!你还可以发挥自己的想象力设计出更多有趣的迷宫！

图 2.12

六、实验与创新

迷宫平台不同的倾斜角度会影响弹珠在迷宫中的移动速度。试着设计一个实验，证明斜面角度与弹珠速度之间的关系，并将实验结果记录在下面的表格里。

探究问题：斜面的倾斜角度与弹珠速度的关系

变化因素：斜面的倾斜角度

保持不变因素：弹珠的大小、弹珠的重量、斜面的材质（光滑程度）、斜面的长度（放下弹珠的位置与弹珠到达的位置）

斜面的倾斜角度与弹珠运动速度之间的关系				
实验次数	1	2	3	4
倾斜角度（度）				
时　　间（秒）				

想想看，你可以设计出更复杂有趣的迷宫吗？试着利用纽扣电池、LED、导电胶带给你的迷宫升级，并思考一下升级过程中所运用的知识。

纸箱售卖机

图 3.1

一、制作介绍

你见过那些默默站在路边为大家服务的抽奖机或售卖机吗？你是否很好奇它们内部的构造呢？今天我们就用乒乓球、废纸箱、薯片罐制作一个纸箱售卖机。随机转出的乒乓球不仅可以作为售卖机贩售的物品，也可以作为公布抽奖结果的彩球。想想看，生活中还有哪些事情是与随机性相关的呢？

二、知识拓展

在社会和自然界中，我们可以把发生的事件分成 3 大类：

（1）必然事件：一定条件下必然发生的，如地球绕着太阳转。

（2）不可能事件：一定条件下不可能发生的，如 1+1=3。

（3）随机事件：在一定条件下，可能发生，也可能不发生的。如纸箱售卖机转出的是做了标记的那个乒乓球。

数学中将随机事件产生的可能性称作概率。概率就是在同一条件下，发生某种事情的可能性大小。那么，现在你知道如何通过调整乒乓球的数量来增大或减小抽奖的概率了吗？

三、材料清单

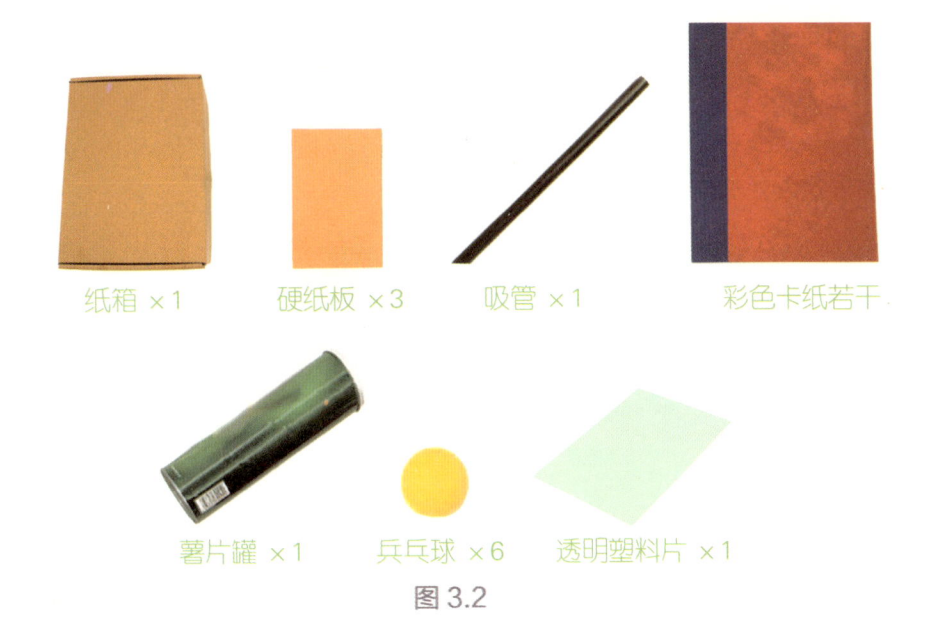

纸箱 ×1　　硬纸板 ×3　　吸管 ×1　　彩色卡纸若干

薯片罐 ×1　　乒乓球 ×6　　透明塑料片 ×1

图 3.2

四、工具清单

透明胶带　　双面胶　　尺子　　剪刀　　美工刀　　铅笔

图 3.3

五、操作步骤

步骤 1

将纸箱宽面的一侧切开，当作纸箱售卖机的门。

图 3.4

步骤 2

在高度约为纸箱一半、距离边缘 2 厘米处，挖一个与塑料瓶或薯片罐半径大小一致的圆洞。

图 3.5

步骤 3

在圆洞上 1.5 厘米的位置画一条横线,以这条线为底,画一个距纸箱其余三边框 1.5 厘米的长方形。

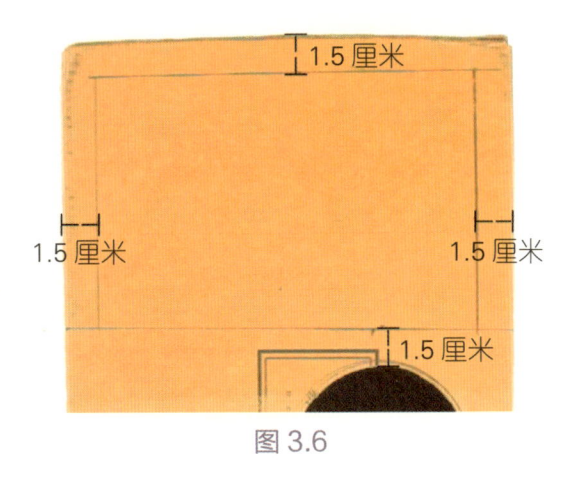

图 3.6

步骤 4

在长方形左边距底边 3 厘米处做上记号,与右下角相连成一条直线,此时的长方形被分割成一个梯形和一个三角形。用美工刀将梯形裁下来。

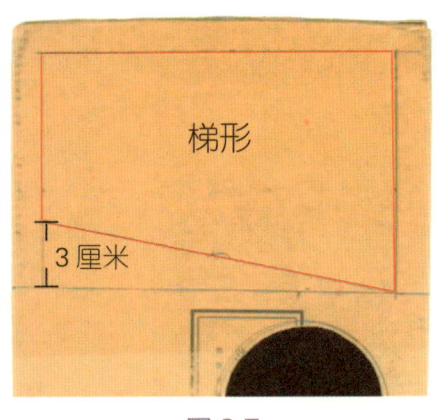

图 3.7

步骤 5

取出透明塑料片，剪出一个比梯形废纸箱板边缘长 1 厘米的梯形。

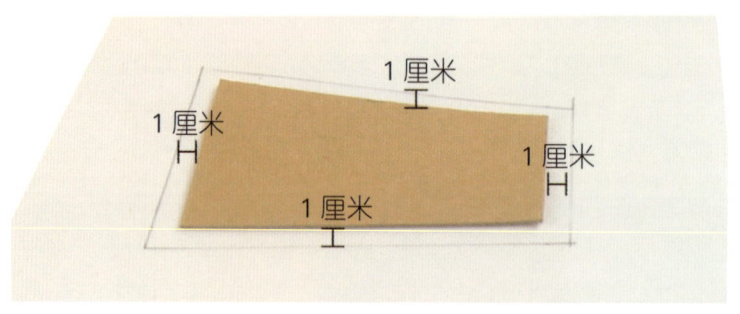

图 3.8

小贴士

如果没有塑料片，你也可以用透明塑料袋或保鲜膜代替，或用彩纸制作一个镂空的观景窗。

步骤 6

将剪好的塑料片或彩纸用胶带从纸箱内部贴在梯形处，作为观景窗。

图 3.9

步骤 7

在圆洞的正下方，裁取一个长 8 厘米、宽 8 厘米的取物孔。

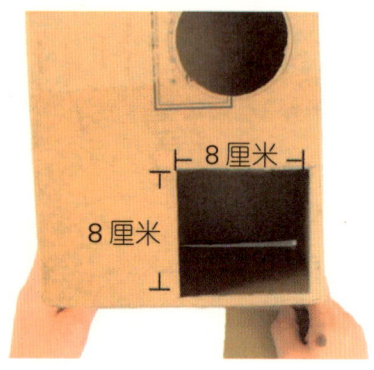

图 3.10

步骤 8

用废纸箱板，将纸箱的内部隔成 T 字形的三个空间，如下图所示。固定前，在横隔板距离左边边缘 1.5 厘米处，裁取一个长 6 厘米、宽 6 厘米的口。

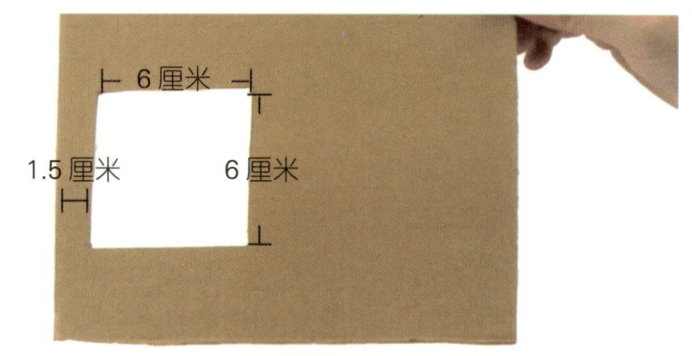

图 3.11

小贴士

T 字形的顶板斜度要与观景窗的底边保持一致！

步骤 9

将薯片罐或塑料瓶装进圆洞内,留出可以手握旋转的部分(长约 5 厘米)。

图 3.12

步骤 10

用笔在薯片罐与 T 形顶板的孔的交界处做上标记,并在薯片罐上裁出同样大小的洞。

图 3.13

步骤 11

用乒乓球试验一下。将乒乓球放在 T 形隔板处并转动把手,观察乒乓球是否可以顺利掉到左下角的空间。

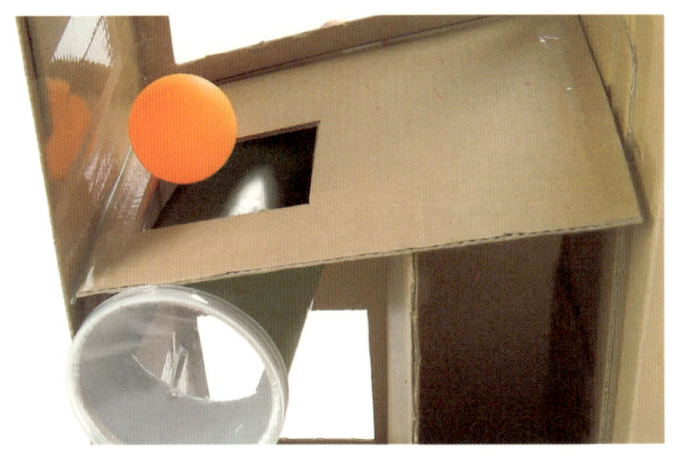

图 3.14

步骤 12

用彩纸装饰你的售卖机,并在售卖机的正面裁取一个长条形的投币孔。

图 3.15

步骤 13

剪下一块长 5 厘米、宽 1 厘米的纸板,再剪下另一个长 6 厘米、宽 3 厘米的硬纸板。截取一段长 7 厘米的吸管。

图 3.16

步骤 14

在长 6 厘米的纸板上,用铅笔在距离边缘 1.5 厘米处裁出一个吸管可以穿过的小孔。

图 3.17

步骤 15

如图所示，将长 5 厘米、宽 1 厘米的纸板粘贴在距离售卖机背面开口 3 厘米处。

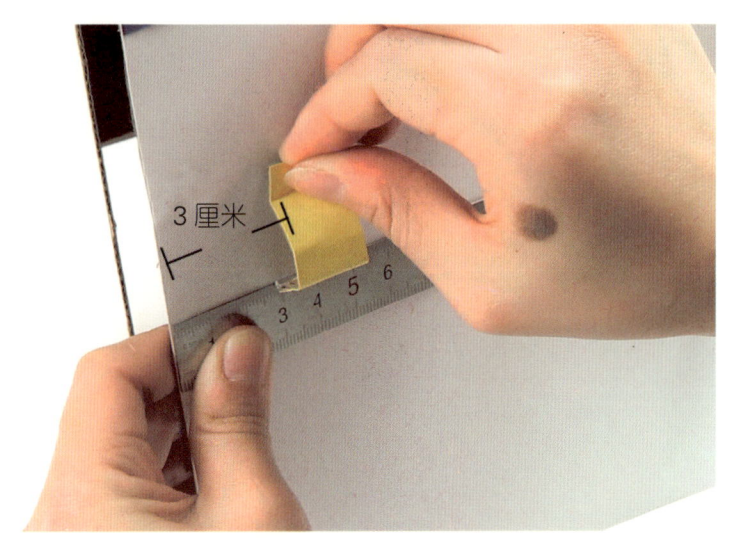

图 3.18

小贴士

中间一定要留下可以让吸管穿过的孔！

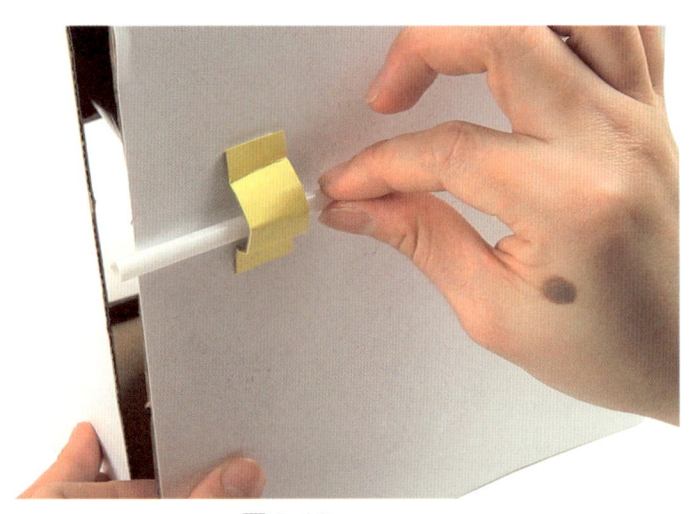

图 3.19

步骤 16

如图所示，将吸管穿过步骤 15 所做的插孔，判断打孔的 6 厘米纸板的固定位置，将 6 厘米纸板粘贴固定。

图 3.20

步骤 17

此时，我们的售卖机就做好啦！

图 3.21

纸箱售卖机

六、实验与创新

在乒乓球上画上抽签的图案或数字，将所有的乒乓球放进售卖机 T 形隔板上层的空间。关上门摇一摇，我们的售卖机就开张啦！

想想看，你有什么办法可以增大自己获胜的概率呢？逐条列出，并和你的小伙伴讨论一下谁的方法更好
1.
2.
3.
4.

反重力装置

图 4.1

一、制作介绍

我们利用纸盒、风扇、纸卷筒制作一个反重力装置。当打开开关，风扇开始转动，此时泡沫球制成的星球在空中固定的位置不断地转动！你知道这是为什么吗？

二、知识拓展

运动的空气比静止的空气对物体的压力小，这一现象的原理叫作伯努利原理。当打开风扇开关时，风扇吹出的气流可以将泡沫球托举起来。根据伯努利原理，此时出风口的压力变小，而泡沫球上方和侧面静止的空气压力变大。这些空气推挤泡沫球，将悬浮的泡沫球束缚在气流中，这样小球就悬浮在出风口上方的固定位置了。

图 4.2

反重力装置

三、材料清单

纸盒 ×1　　小风扇 ×1　　4节5号电池盒 ×1　　彩色卡纸若干

5号电池 ×4　　纸卷筒 ×1　　泡沫球 ×1　　自锁开关 ×1

图 4.3

四、工具清单

透明胶带　　双面胶　　电工胶带　　热熔胶枪

美工刀　　剪刀　　尺子　　彩色笔

图 4.4

五、操作步骤

步骤 1

取出一个纸盒，将纸盒两边的"耳朵"剪掉。

图 4.5

29

步骤 2

取出小风扇，用美工刀在纸盒盒盖上裁取一个与风扇大小相同的孔。用胶带将缝隙封好，并用彩纸装饰盒子。

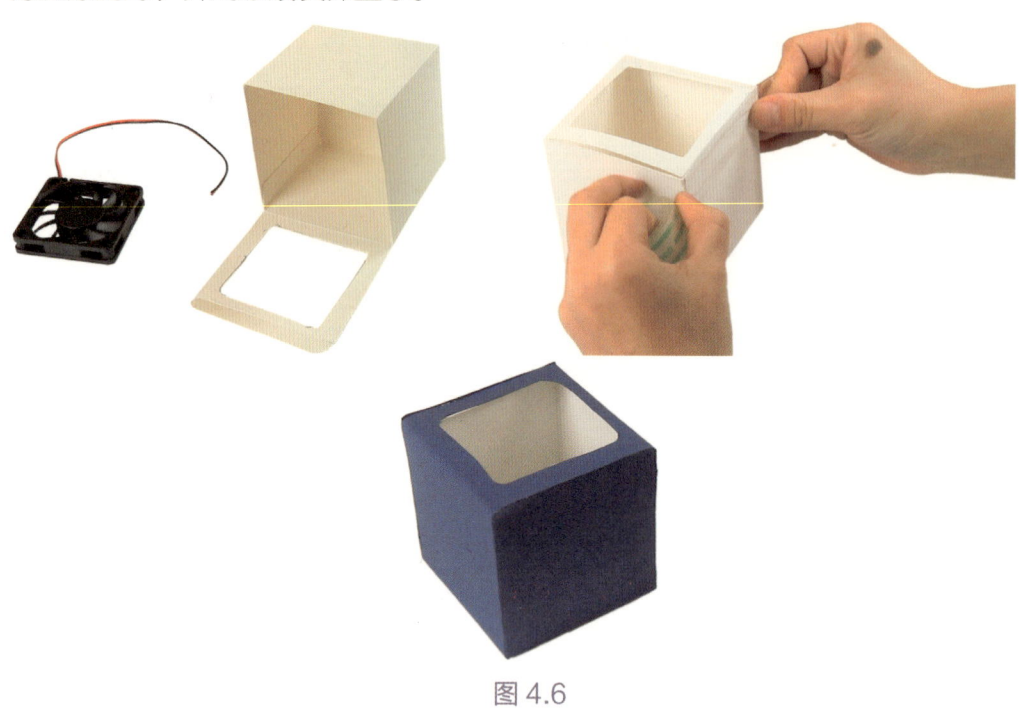

图 4.6

步骤 3

取出一个纸卷筒，用彩纸进行装饰。用美工刀在纸盒上裁取一个与纸卷筒一样大的孔。

图 4.7

步骤 4

将纸卷筒嵌入刚刚挖好的洞中，并用胶枪固定好。

图 4.8

步骤 5

取出一个 4 节 5 号电池盒，将电池盒黑线与风扇黑线连接。再拿出一个开关，将开关的两只脚分别与风扇的红线和电池盒的红线相接。为防止电线短路，在导线与导线的交界处用电工胶带固定。

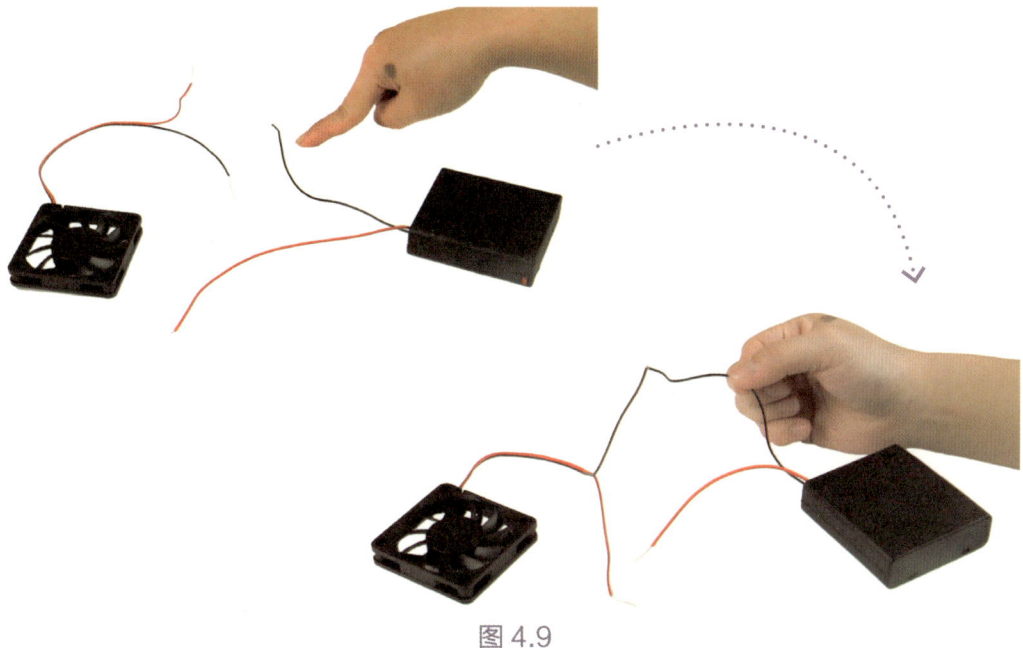

图 4.9

图 4.10

步骤 6

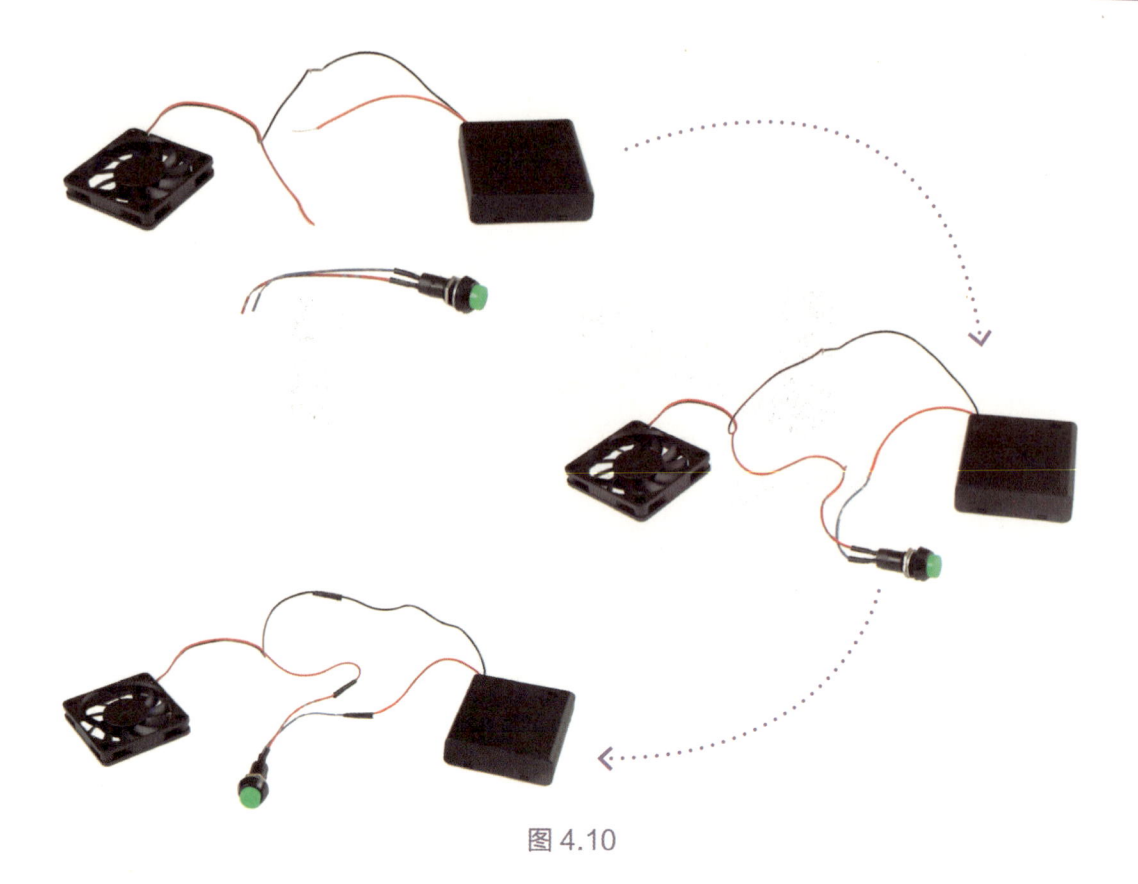

将电池放入电池盒,打开电池盒的开关,测试风扇出风口的方向。

图 4.11

步骤 7

将小风扇出风的一侧朝向纸盒内部，用胶枪将其粘在已裁好的方形孔处。

图 4.12

步骤 8

用胶枪将电池盒粘在纸盒的另一面。

图 4.13

创客动手做

步骤 9

取出一个泡沫球，用彩笔在球上画上地球或是其他星球的图案。

图 4.14

步骤 10

打开电池盒开关，按下开关按钮，风扇就会转动。将星球放在纸卷筒的上方，你就会发现星球在空中固定的位置不停转动。

图 4.15

反重力装置

步骤 11

打开开关,让星球悬浮在空中,在距离 10 厘米的地方放置另一台反重力装置。谁能以最快的速度将星球运送到另一台装置上不落地,谁就是赢家!

图 4.16

六、实验与创新

你的星球悬浮得稳定吗?如果使用其他形状或材质的物体,你觉得还可以悬浮在反重力装置上吗?试着更换悬浮物,并记录下它们的悬浮时间与悬浮状态,看看什么样的物体悬浮得最稳定。

实验记录表

实验次数	漂浮物名称	形状	材质	漂浮时间	悬浮状态
1	泡沫球	规则的球形	泡沫塑料	10 秒以上	可以稳定的悬浮,偶尔移动装置也不会掉下来
2					
3					
4					
5					

经过测试,我认为满足_____条件的物体悬浮得最稳定。

35

纸箱小吉他

图 5.1

一、制作介绍

在流行音乐、摇滚音乐、蓝调、民歌的表演中，我们经常可以见到吉他的身影。由于其音色优美、简单易学，受到很多人的喜爱。今天我们要用橡皮筋、两脚钉与纸箱，制作一把纸箱吉他。在纸箱上裁出出声孔，通过调整橡皮筋的松紧度来调整每根弦的音调，做好后我们就能弹上一首"丢手绢"啦！

二、知识拓展

通过调整橡皮筋的松紧度来调整弦的音阶。当橡皮筋越紧时，拨动琴弦时其震动的频率越高，音阶也越高；橡皮筋越松，拨动琴弦时其震动的频率越低，音阶也越低。

纸箱小吉他

三、材料清单

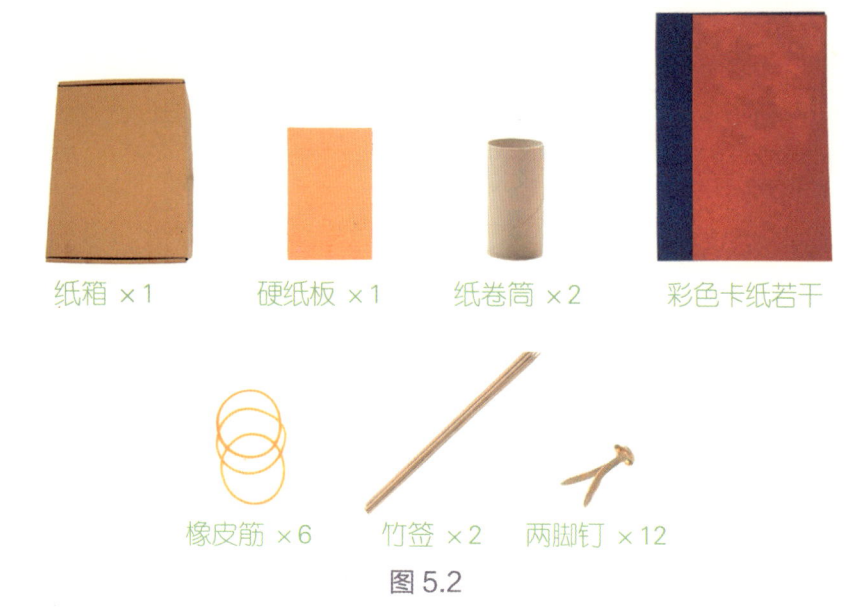

纸箱 ×1　　硬纸板 ×1　　纸卷筒 ×2　　彩色卡纸若干

橡皮筋 ×6　　竹签 ×2　　两脚钉 ×12

图 5.2

四、工具清单

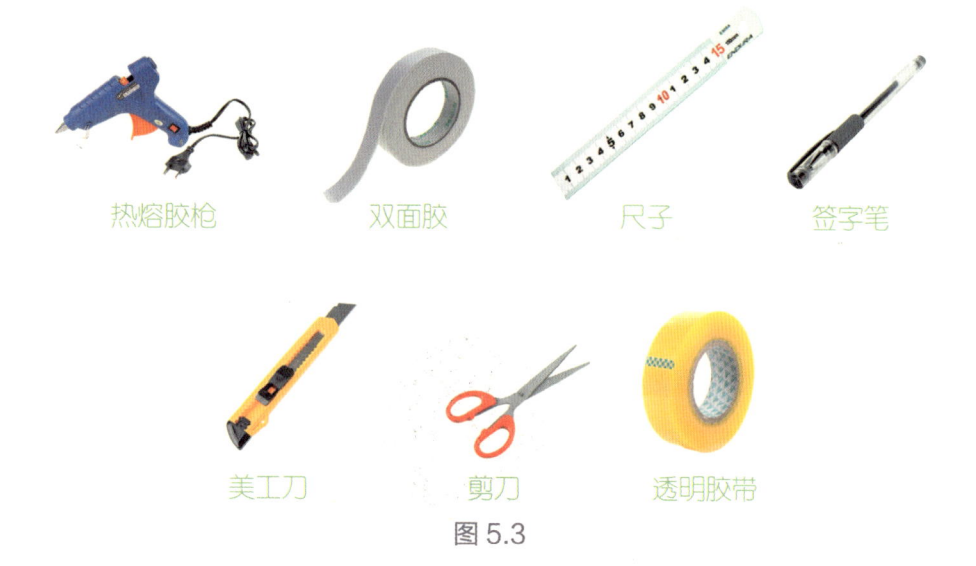

热熔胶枪　　双面胶　　尺子　　签字笔

美工刀　　剪刀　　透明胶带

图 5.3

37

五、操作步骤

步骤1

取出彩纸和剪刀，装饰你所选的纸箱。

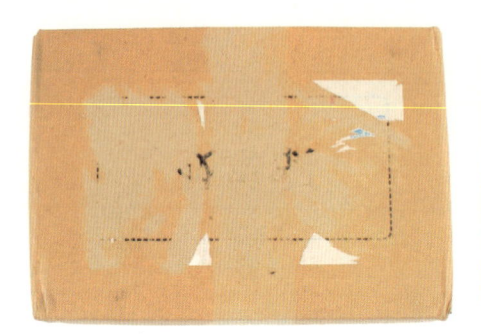

图 5.4

步骤2

用美工刀在纸箱中间裁出一个圆孔，作为出声口。

图 5.5

步骤3

如下图所示，在圆孔的左右两侧用两脚钉分别扎六个对称的小孔，用来固定琴弦，同时保证在圆孔范围内，两脚钉扎入纸箱后其两只脚可以在纸箱内部打开固定。两脚钉与纸板之间要留下一点空隙供橡皮筋缠绕。

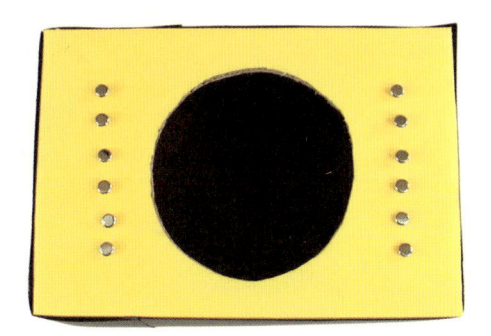

图5.6

小贴士

在使用两脚钉前，可以先用竹签在相应的位置上扎个孔。

如果没有两脚钉，也可以用螺丝与螺母代替。

步骤 4

如下图所示，剪取两根比同侧的六个两脚钉孔的距离更长的竹签。分别固定在圆孔与六个两脚钉之间，其中两脚钉与洞口之间的部分作为琴衍。

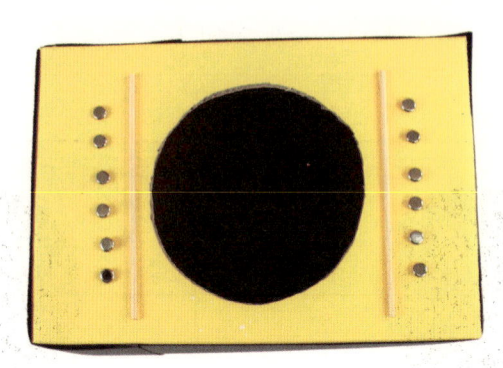

图 5.7

步骤 5

取六根橡皮筋，全部剪断，再分别绑在出声口上下对应的两角钉上，缠绕固定好作为琴弦。

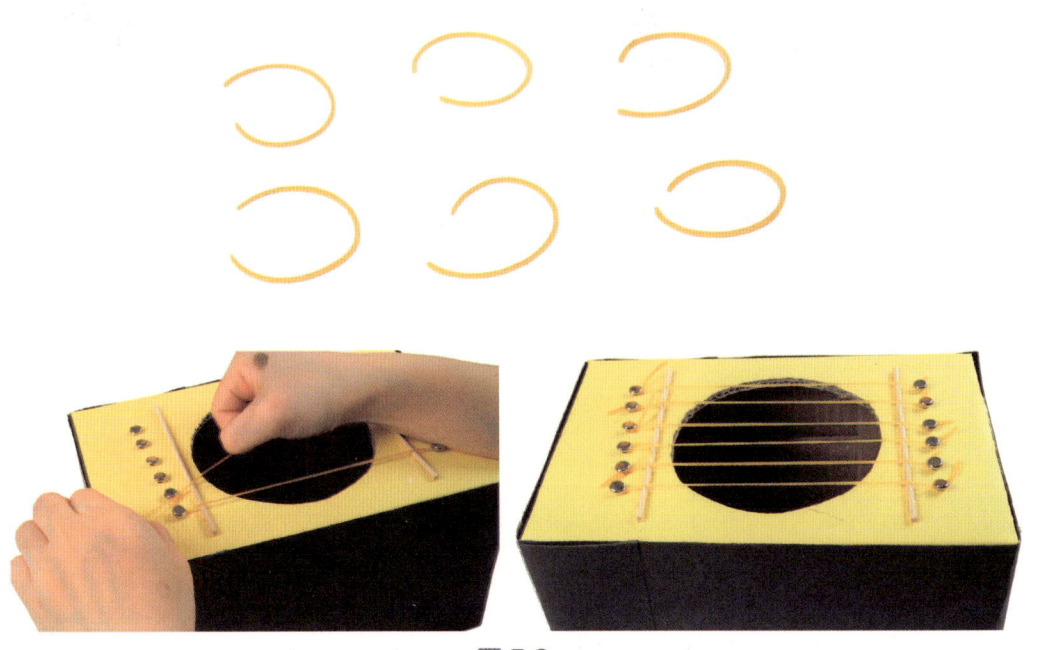

图 5.8

步骤 6

调整橡皮筋在两脚钉上缠绕的匝数,改变橡皮筋的松紧,使音高由 do 到 la。

图 5.9

步骤 7

用胶带将两个纸卷筒连接在一起作为琴把手,再用彩纸装饰。

图 5.10

步骤 8

如下图,在硬纸板上贴上彩纸,画出六个同样大小的调音钮,用剪刀剪下,再将其用胶枪粘在琴把手上端,两边各三个。

图 5.11

步骤9

将做好的琴把手粘在琴身上方,我们的纸箱吉他就做好啦!

玩游戏或唱歌没有配乐?赶快拿出我们的纸箱吉他,弹奏一首"小星星"或是"丢手绢"吧!

图 5.12

六、实验与创新

你还知道生活中常见的橡皮筋有哪些新鲜的用法吗?想一想,写出几个橡皮筋的新鲜用法,并和你的小伙伴交流讨论一下。

我觉得橡皮筋可以应用在这里	在这里,橡皮筋有这样的新鲜用法
举例:需要数很多页的书或纸钞时,纸张太滑不容易翻开	举例:在铅笔杆上套一小段橡皮筋,用来增大摩擦力。用橡皮筋翻书,可以轻松把书页翻开
1.	
2.	
3.	

放大声音兽

图 6.1

一、制作介绍

用纸盒、纸杯与喇叭可以制作一只放大声音兽。当我们将放大声音兽接上音乐播放器时,放大声音兽就会将声音放大啦!

二、知识拓展

说话时,将手指轻轻地放在喉咙处,你感受到手指皮肤微微地振动了吗?这就是声音产生的原因——振动!

声音是由物体的振动产生的。说话时,声带发生振动,就会发出声音;敲击鼓面时,鼓面发生振动,就会发出低沉的鼓声;我们生活中的一切声音,都是伴随着振动产生的。

放大声音兽其实就是我们生活中常见的音箱。当我们将喇叭嵌在纸盒中时,空气在音箱中产生共振，延伸了喇叭振膜的振动范围，音乐声就因此变大啦！纸杯的结构能有效地聚集声音的能量，减小声音扩散，有效地达到放大声音的目的。

三、材料清单

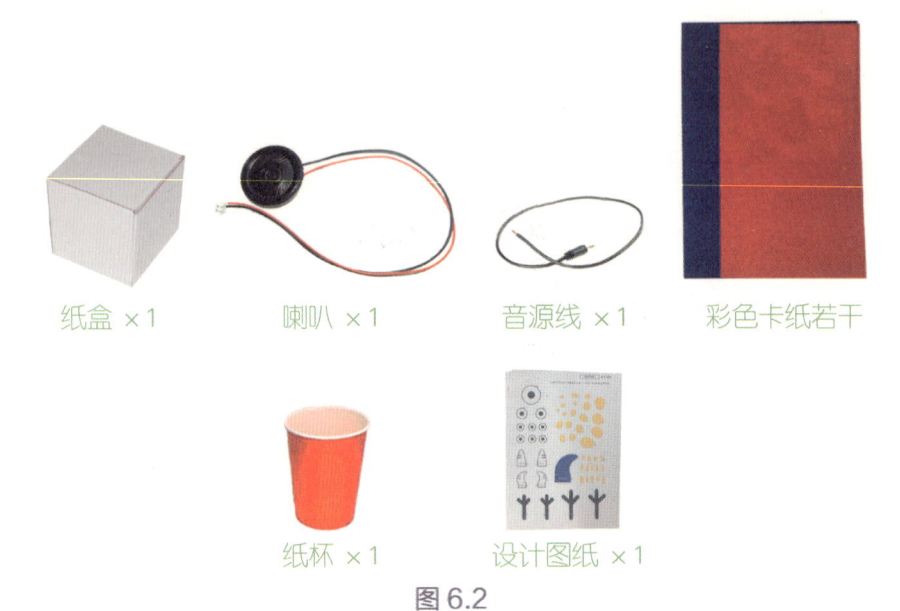

纸盒 ×1　　喇叭 ×1　　音源线 ×1　　彩色卡纸若干

纸杯 ×1　　设计图纸 ×1

图 6.2

四、工具清单

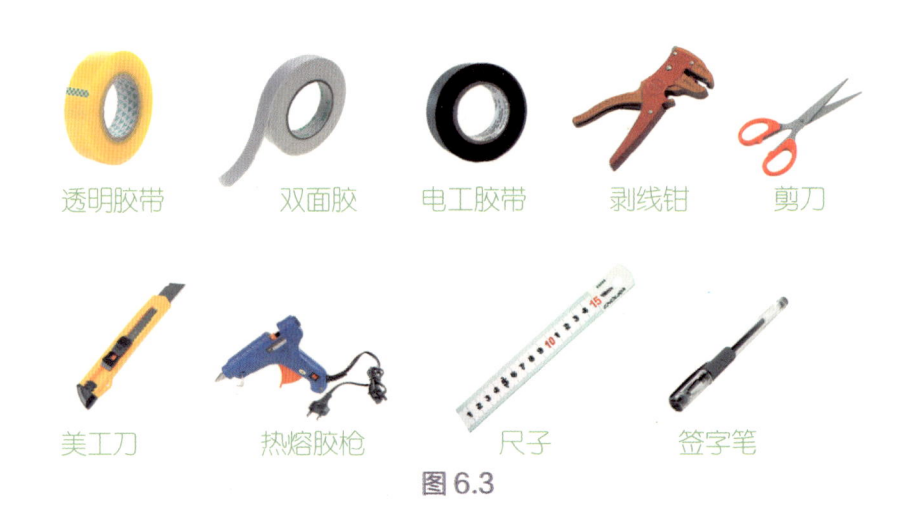

透明胶带　　双面胶　　电工胶带　　剥线钳　　剪刀

美工刀　　热熔胶枪　　尺子　　签字笔

图 6.3

五、操作步骤

步骤 1

取一个小纸盒,用剪刀将纸盒侧面的两个"耳朵"剪掉。并将纸盒用彩纸装饰一下。

图 6.4

步骤 2

在纸盒中央画一个比喇叭直径小 0.5 厘米的圆,将圆裁取下来。

图 6.5

小贴士

你需要在圆孔的一边剪几个切口,方便喇叭模块的导线安装。

步骤 3

安装时，喇叭朝向纸盒外，用胶枪将喇叭安装固定在纸盒上已裁取的圆洞上。

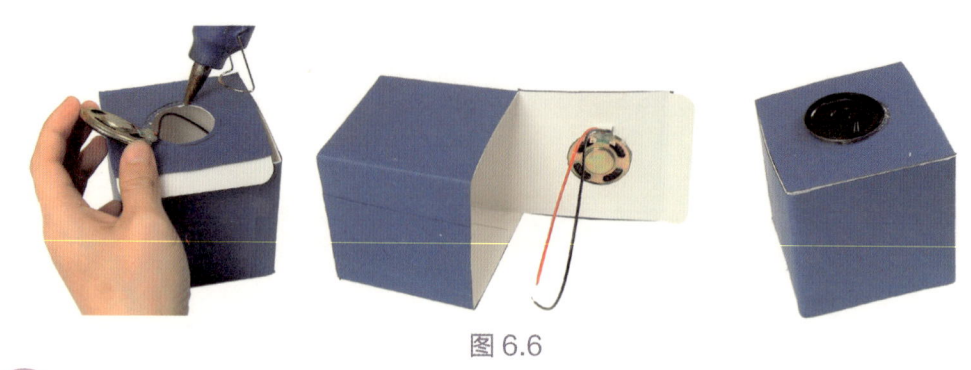

图 6.6

步骤 4

将喇叭的导线末端剥除 1 厘米长的绝缘橡胶。将音源线上的黑色细导线和喇叭的黑色导线连接在一起，并用电工胶带缠紧固定。

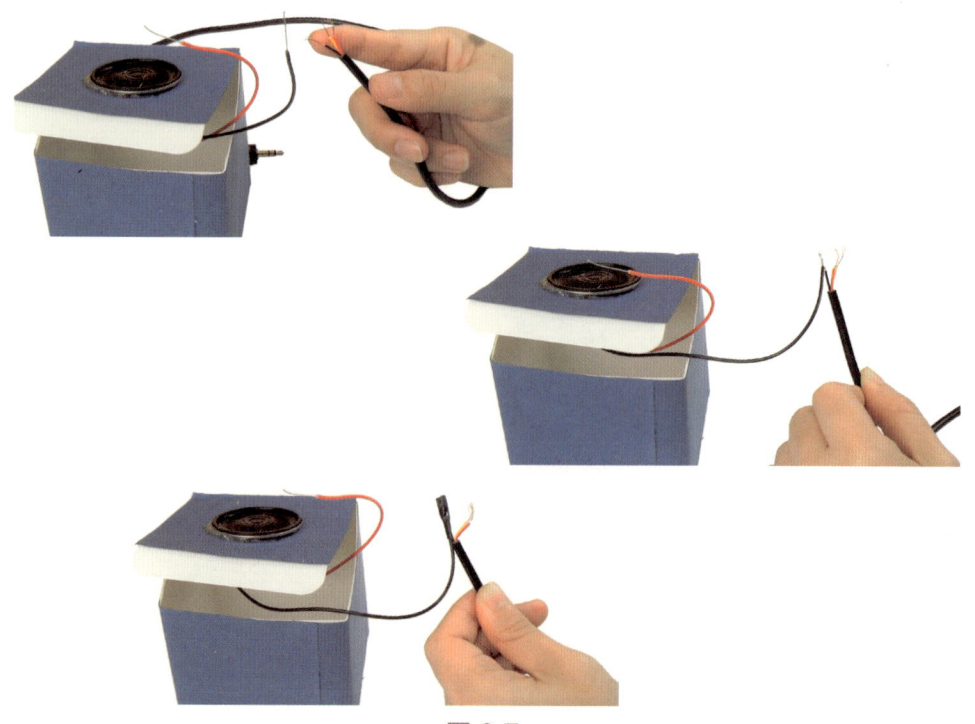

图 6.7

步骤 5

将音源线上的另两条细导线（红线与黄线）和喇叭的红色导线连接在一起，并用电工胶带缠紧固定。

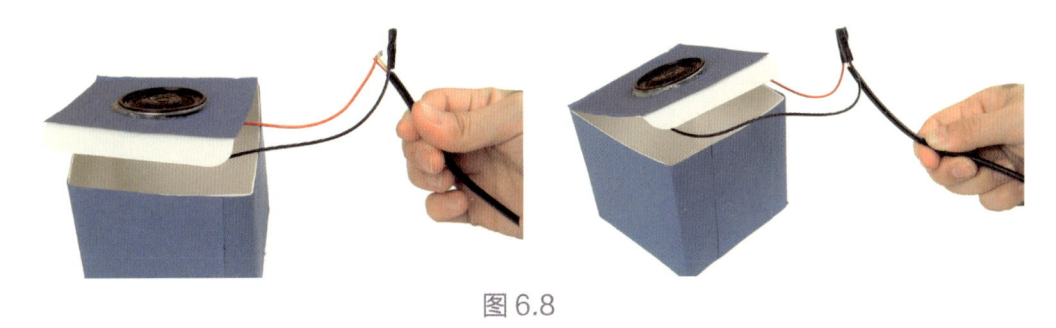

图 6.8

步骤 6

将喇叭的导线用透明胶带固定在纸盒内壁上。在纸盒的侧面用美工刀裁取一个长和宽均为 1 厘米的小洞，将音源线从洞中穿出来。

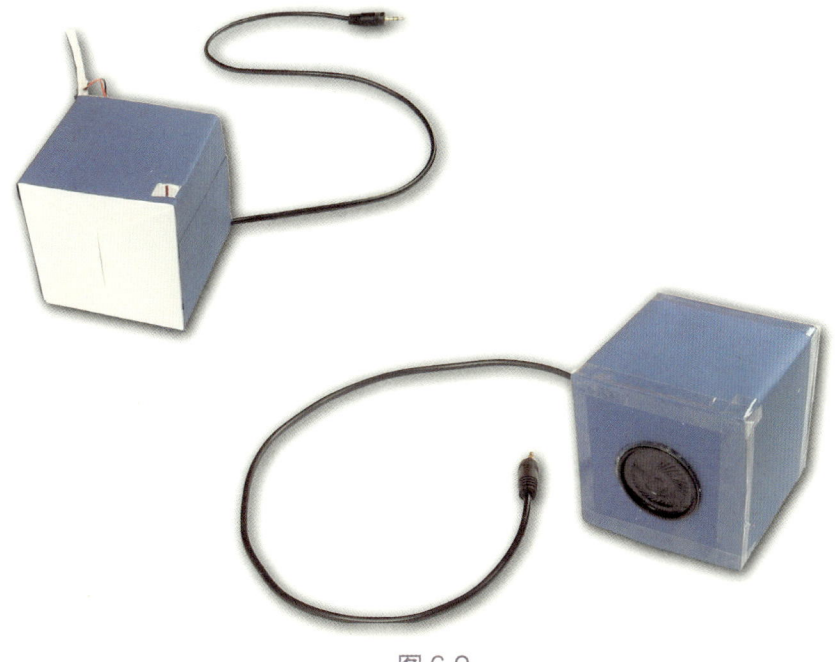

图 6.9

步骤 7

取一个纸杯,用美工刀将纸杯的底部裁掉。

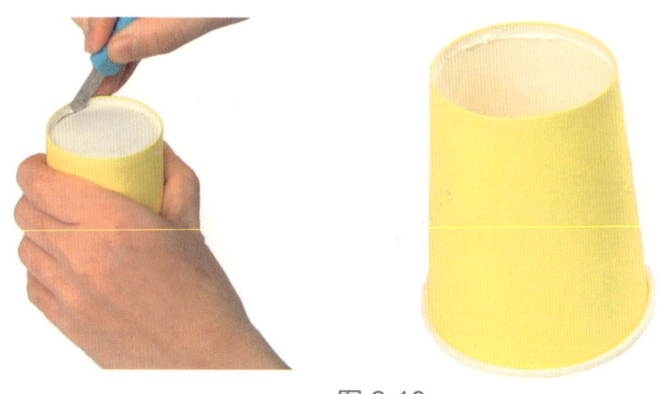

图 6.10

步骤 8

纸杯的杯口朝向纸盒外,罩住喇叭。用胶枪固定。

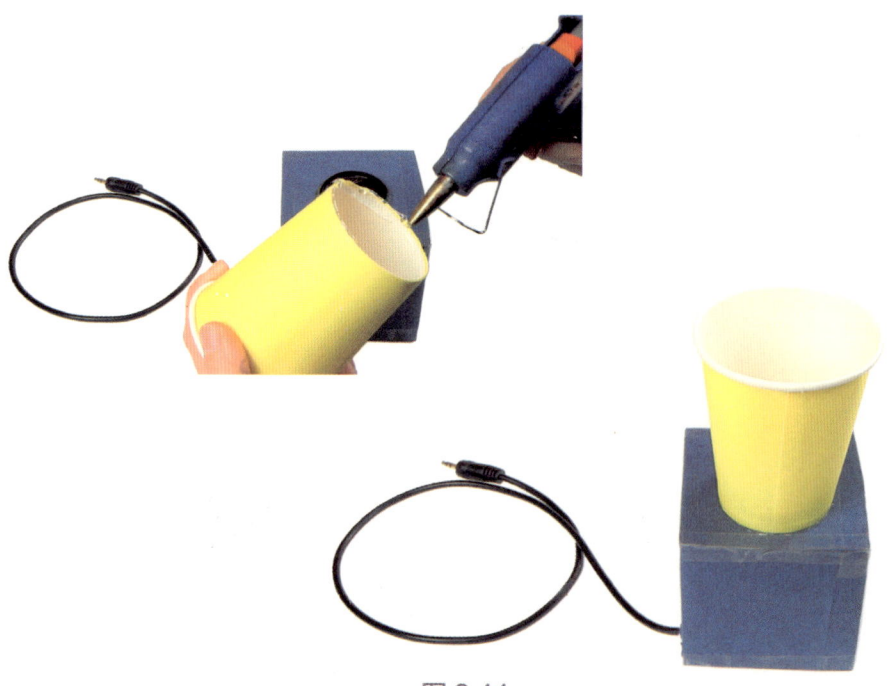

图 6.11

步骤 9

用彩纸进行装饰，让你的放大声音兽更有趣。

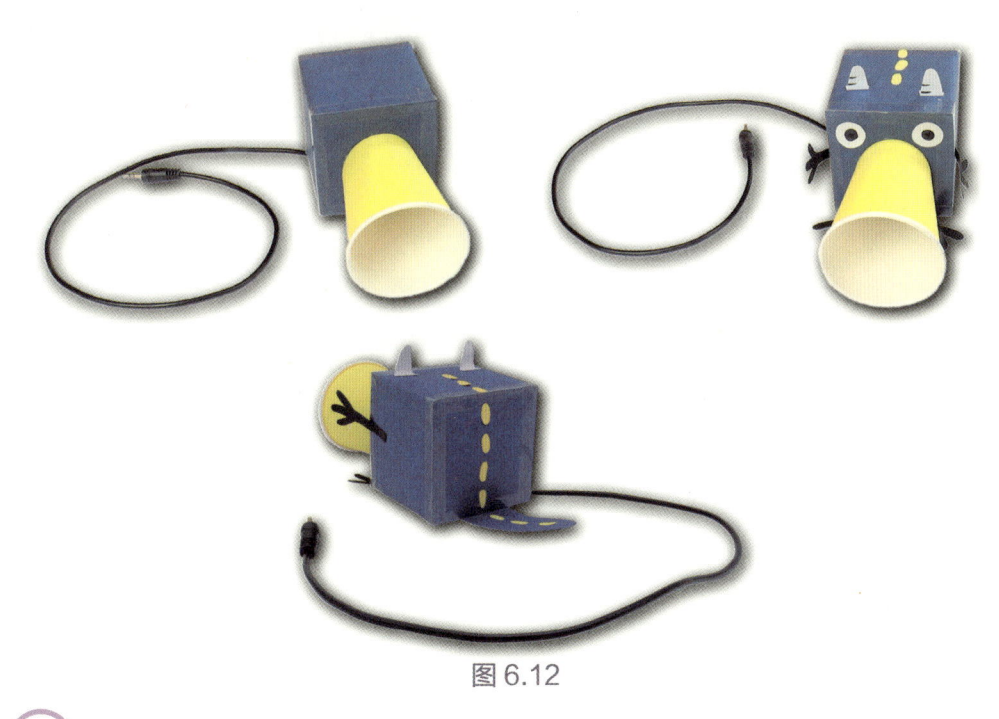

图 6.12

步骤 10

将音源线插入手机、电脑或其他音乐播放器，播放音乐，听听看，声音是不是变大了呢？

图 6.13

六、实验与创新

观察放大声音兽，想一想，如何改进才能让它的声音变得更大更清楚呢？尝试你的改进方法，并将你的改进结果记录在下面的表格里。

我的改进方法	我觉得这样改进的原因	我的改进结果
举例：用胶带贴补纸盒的缝隙，让纸盒更严密	举例：这样声音就不会从缝隙中跑出来了	举例：声音比之前更清楚
1.		
2.		
3.		
4.		
5.		

电流急急棒

图 7.1

一、制作介绍

让我们根据电路中通路与断路的原理来制作一个玩具——电流急急棒,并用铜丝作为触发开关,蜂鸣器作为报警装置。

将铜钩套入曲折的铜丝轨道,缓慢地走完轨道全程,在这一过程中,当其碰到轨道边缘时,就会触发蜂鸣器报警啦!

二、知识拓展

将蜂鸣器的负极连接在一段可以导电的铜丝轨道上,正极则与电池的负极连接在一起。当与电池正极相连接的铜钩与铜丝轨道接触时,电路形成通路,蜂鸣器被触发。

在这个电路中,铜丝轨道与铜钩就是蜂鸣器的开关,当它们互相接触时,就会立刻触发蜂鸣器发出警报。想想看,利用这样的原理,你还可以做出什么样的装置?

三、材料清单

纸箱 ×1　　1米细铜丝 ×1　　导线 ×1　　彩色卡纸若干

泡棉胶 ×1　　导电胶带 ×1　　纽扣电池 ×1　　蜂鸣器 ×1

图 7.2

四、工具清单

透明胶带　　双面胶　　尺子　　剪刀　　美工刀　　铅笔

图 7.3

五、操作步骤

步骤 1

取出彩纸和剪刀，先装饰你的纸箱。注意，不要将箱子封住。

图 7.4

步骤 2

剪取一段长 10 厘米的铜丝和一段长 80 厘米的铜丝。你可以先量好尺寸，用剪刀在量好的位置剪一刀，再反复弯折，就可以轻松地将铜丝剪断啦！

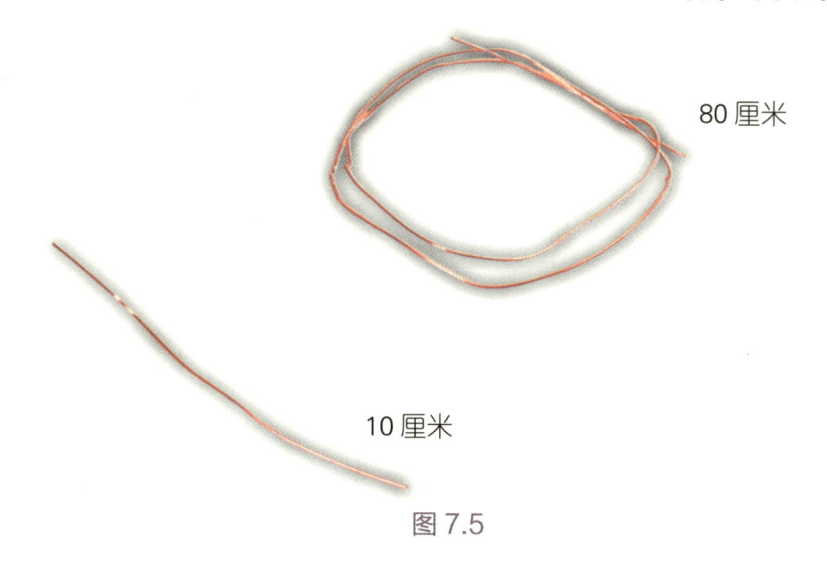

80 厘米

10 厘米

图 7.5

步骤 3

将长 80 厘米的铜丝轻轻弯折成不同的形状，从箱子底部左右两侧穿入箱内；反折后用透明胶带从箱内将铜丝固定住，我们的"铜丝轨道"就做好了。

图 7.6

创客动手做

步骤 4

拿出蜂鸣器，我们可以看到蜂鸣器有两只脚：一只长脚，一只短脚。长脚代表正极，短脚代表负极。蜂鸣器上的小圆贴纸是为了防止蜂鸣器的声音过大。将蜂鸣器的两脚分开，用泡棉胶将蜂鸣器固定在箱子一侧 1/4 的位置，注意负极一侧靠近铜丝。蜂鸣器长脚为正极，短脚为负极，你可以在蜂鸣器长脚处用铅笔画一个浅浅的正号，短脚处画一个负号。

图 7.7

小贴士

没有蜂鸣器的话也可以用 LED 来代替。

步骤 5

剪下两小截导电胶带，分别贴在蜂鸣器的长、短脚上。纽扣电池标有"+"的一面是正极，另一面是负极。用导电胶带将导线与电池的负极连接在一起。

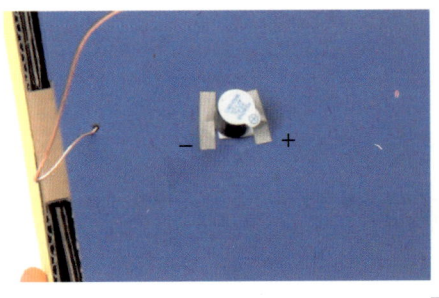

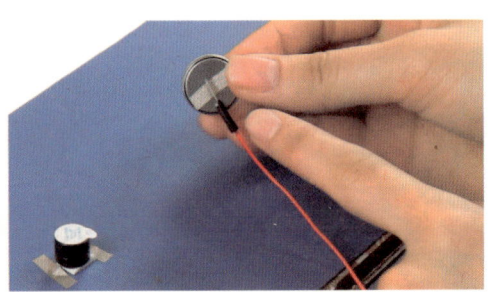

图 7.8

步骤 6

用泡棉胶将电池固定在箱子中间。注意，粘有导线的负极朝下。

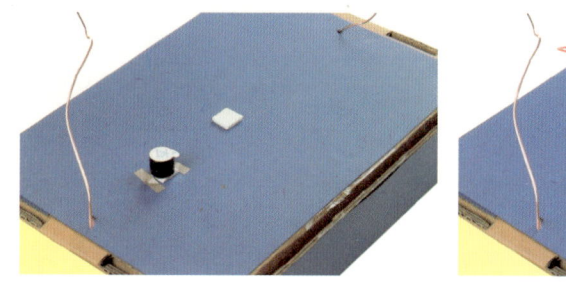

图 7.9

步骤 7

用导电胶带将蜂鸣器的短脚与铜丝连接在一起，将蜂鸣器的长脚与纽扣电池的正极连接在一起。

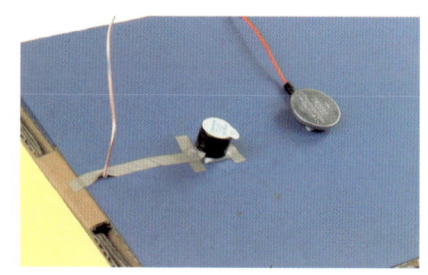

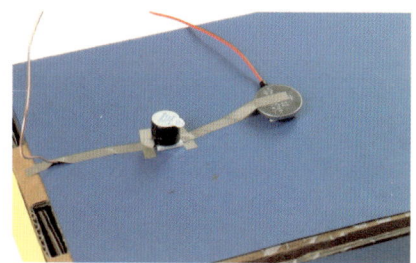

图 7.10

步骤 8

取出长 10 厘米的铜丝，将其前方弯曲成一个有开口的圆，变成一个铜钩。再用导电胶带将铜钩和导线连接在一起。

图 7.11

步骤 9

用彩纸来装饰你的电流急急棒，使它更有趣！

图 7.12

步骤 10

我们的电流急急棒做好啦！测试一下，将铜钩套入"轨道"，小心地走完全程。当铜钩不小心碰到"轨道"时，警报声就会响起！

图 7.13

六、实验与创新

和你的小伙伴们一起进行专注力争霸赛吧！

比赛规则：握住铜钩通过弯曲的铜丝轨道，但不能碰到它，警报器每响起一次，最终成绩就要增加 3 秒，以最快速度通过铜丝轨道全程的就是赢家！

计时开始，看看谁才是专注力之王吧！

勇者光剑

图 8.1

一、制作介绍

用吸管、LED、导电胶带、纸卷筒和亚克力管来制作一把勇者光剑吧。当我们把开关打开，就能汇聚能量，挥舞光剑跟敌人决斗啦！

二、知识拓展

当电路中有两个 LED 时，可以选择两种连接方式，一种为"串联"，另一种为"并联"。

在并联中，两个 LED 分别与电池组成完整电路。当电流从正极流出时，可以同时流经两个 LED，汇聚后又一起流回电池的负极。所以，当电路中有一个 LED 无法通过电流时，另外一个 LED 还可以正常工作。而

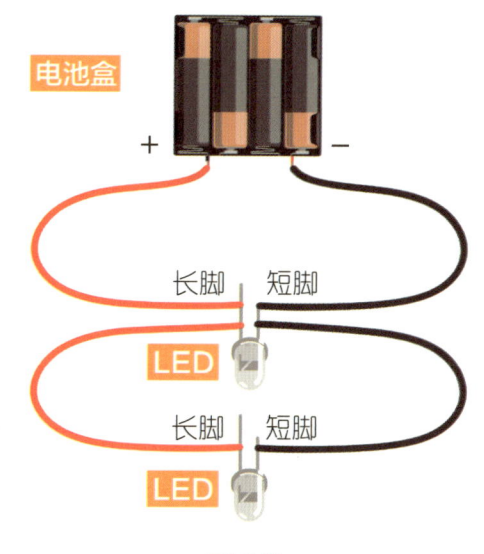

图 8.2

且，并联的电路，可以使电路不因接上多个 LED 而影响单个 LED 的亮度。

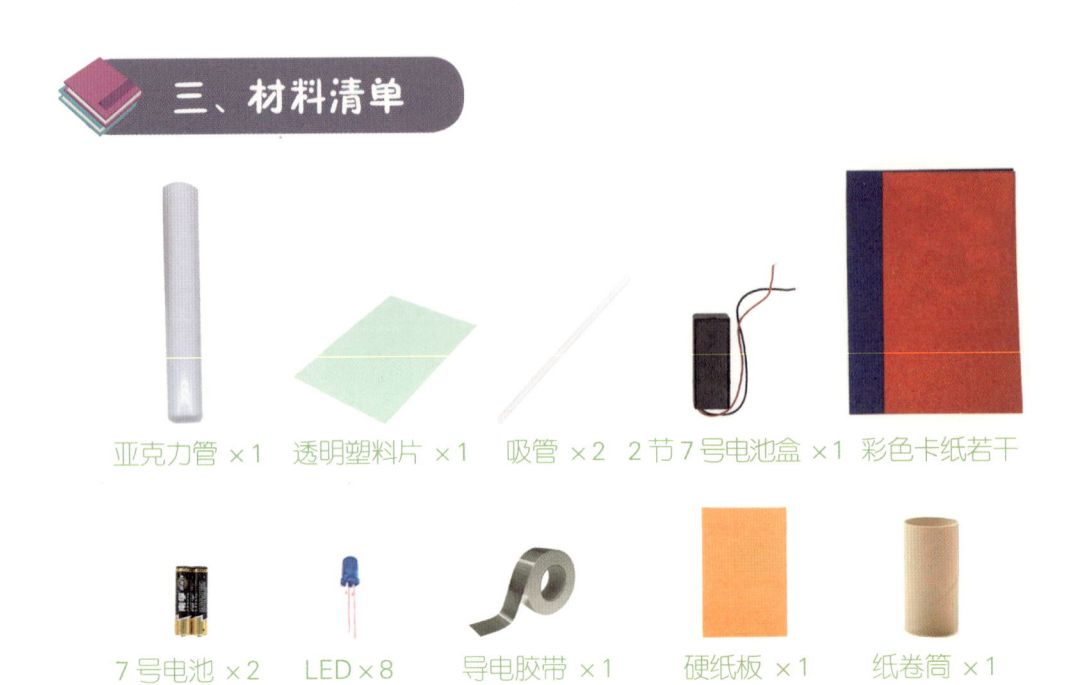

三、材料清单

亚克力管 ×1　　透明塑料片 ×1　　吸管 ×2　　2节7号电池盒 ×1　　彩色卡纸若干

7号电池 ×2　　LED ×8　　导电胶带 ×1　　硬纸板 ×1　　纸卷筒 ×1

图 8.3

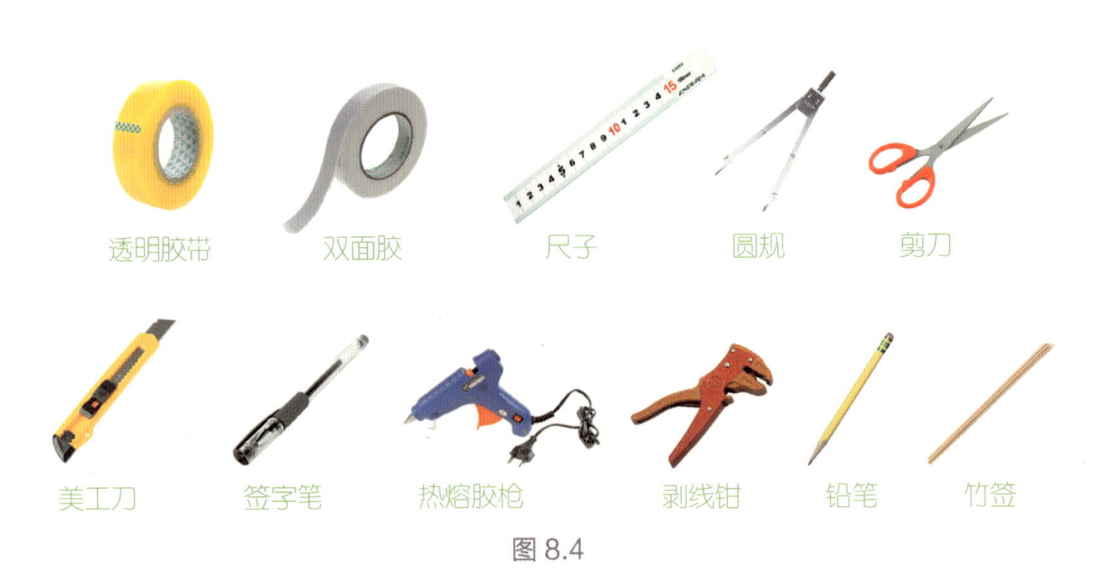

四、工具清单

透明胶带　　双面胶　　尺子　　圆规　　剪刀

美工刀　　签字笔　　热熔胶枪　　剥线钳　　铅笔　　竹签

图 8.4

五、操作步骤

步骤 1

取出两根吸管，粘接在一起，使其长度在 23 厘米左右。截取两条 23 厘米长的导电胶带，竖着贴在吸管的两侧。

图 8.5

步骤 2

取出八个蓝色 LED，使其短脚粘贴在左边的导电胶带上，长脚粘贴在右边的导电胶带上，使其在吸管上均匀分布，并用透明胶带将这八个 LED 灯固定在吸管上，如下图所示，这样 LED 灯串就做好啦！

图 8.6

小贴士

小心不要让 LED 的长脚与短脚相互接触喔！

图 8.7

步骤 3

取出一个纸卷筒，用彩纸装饰后作为剑柄。

图 8.8

步骤 4

取一张硬纸板，画一个直径为 5 厘米的圆，裁取下来，再用彩纸进行装饰，最后用竹签在圆纸板上扎两个孔，以便电池盒中的两根导线通过。

图 8.9

步骤 5

将电池装入电池盒中，用剥线钳剥去导线上 1 厘米左右的绝缘橡胶。将电池盒没有开关的一面贴在卷筒内侧，电池盒的底部与卷筒的底部对齐，并用胶枪固定。

图 8.10

步骤 6

将电池盒的两根线穿过圆形纸板的两个孔,再将纸板粘在纸筒的顶部。

图 8.11

步骤 7

取出刚刚做好的 LED 灯串。将黑色导线贴在粘贴 LED 灯短脚的导电胶带上,红色导线贴在粘贴 LED 灯长脚的导电胶带上,最后用透明胶带缠好固定住。

图 8.12

步骤 8

打开电池盒开关,测试一下所有的 LED 灯是否正常发光。

图 8.13

步骤 9

从透明塑料片上剪下一片与亚克力相同粗细的圆片,用胶枪将塑料片固定在亚克力管的一端,作为封口。

图 8.14

步骤 10

将 LED 灯串插入亚克力管内,用胶枪将剑柄上方的圆形纸板和亚克力管固定在一起。

图 8.15

步骤 11

我们的勇者光剑就做好啦！打开开关，聚集能量，挥舞我们的勇者光剑跟敌人决斗吧！

图 8.16

六、实验与创新

参照图示，试着将勇者光剑的电路图画在虚线内。

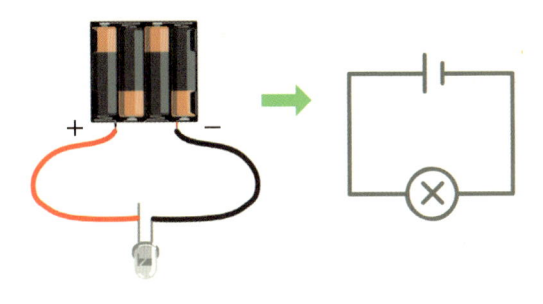

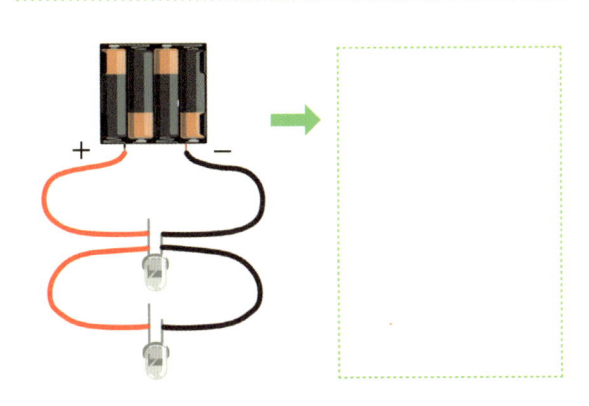

图 8.17

弹力火箭

图 9.1

一、制作介绍

火箭可以作为快速远距离运送工具，如作为探空、发射人造卫星、载人飞船、空间站的运载工具，以及其他飞行器的助推器等。今天，我们要用纸杯、橡皮筋、锡箔纸、LED 与导电胶带来制作一个弹力火箭。完成后我们把火箭装上发射台，往下压到底，LED 亮起后，放手，弹力火箭就发射出去了！

二、知识拓展

本案例中，我们用橡皮筋与锡箔纸来制作这个神奇的弹力火箭。当我们将做好的火箭装上发射台，往下压到底，火箭内的橡皮筋绷紧到极限，同时橡皮筋上的锡箔纸板接通了发射台上原本为断路的 LED 电路，使 LED 亮起。当我们将手放开，使橡皮筋恢复原状的恢复力就会将火箭发射出去，当火箭离开发射台时，发射台上的电路恢复至断路状态，LED 熄灭。

弹力
火箭

三、材料清单

纸盒×1　硬纸板×5　橡皮筋×2　纸杯×2　彩色卡纸若干

LED×3　纽扣电池×1　导电胶带×1　锡箔纸×1　设计图纸×1

图 9.2

四、工具清单

透明胶带　双面胶　尺子　剪刀　美工刀　竹签　铅笔

图 9.3

五、操作步骤

步骤 1

剪下一块长 4 厘米、宽 3 厘米的纸板，分别在硬纸板四个角距离角的两边约 0.5 厘米处扎四个孔。

图 9.4

65

步骤2

取出两条橡皮筋，将橡皮筋剪断，交叉穿过纸板上的四个孔。

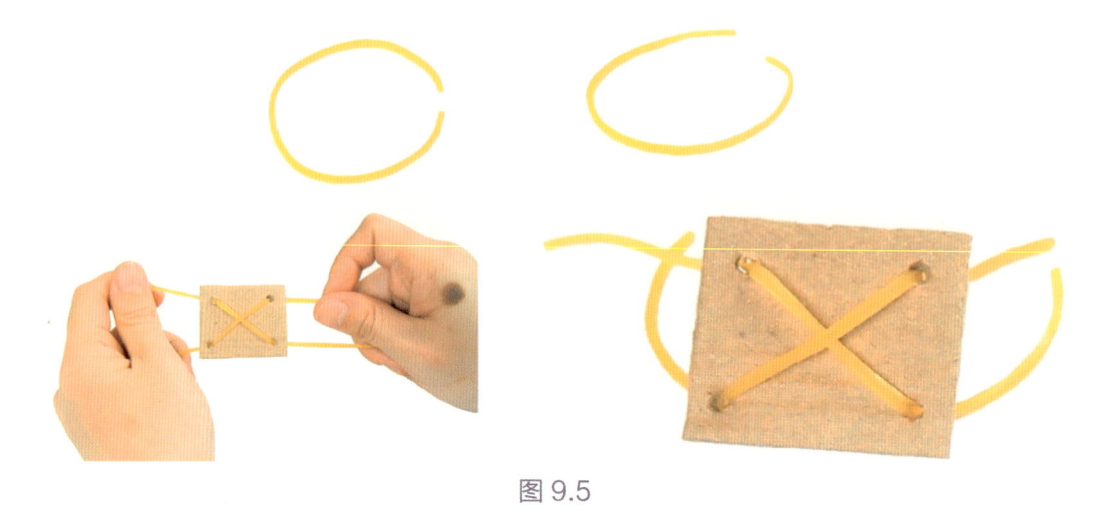

图 9.5

步骤3

剪取两块长3厘米、宽2厘米的纸板。重叠粘贴在一起，表面用锡箔纸包裹。

图 9.6

图9.7

小贴士

注意：重叠包裹后的纸板厚度要大于橡皮筋的粗细！

图9.8

步骤 4

将用锡箔纸包裹的纸板粘贴在有橡皮筋交叉点的纸板的背面。

图9.9

步骤 5

取出一个纸杯，分别在距离杯口约 0.5 厘米处的四个对角扎孔。将有交叉橡皮筋的纸板的四条橡皮筋依次穿过纸杯的四个孔并绑紧，使锡箔纸板固定在杯子正中央。

图 9.10

步骤 6

用彩纸将纸杯装饰成火箭的样子。这样我们的火箭就做好啦！

图 9.11

步骤 7

取出一个小纸盒，并用彩纸进行装饰。再拿出第二个纸杯，倒扣并粘在纸盒的顶端中央。

图 9.12

步骤 8

剪取两块长 2 厘米、宽 1.5 厘米的纸板，分别用锡箔纸包裹后，固定在倒扣的纸杯顶部，两片锡箔纸板间距为 0.5 厘米。

图 9.13

步骤 9

将导电胶带分别粘在两块锡箔纸板上,并由纸杯两侧延伸至纸盒上。

图 9.14

步骤 10

取出一粒纽扣电池,先将导电胶带粘贴在电池的正极(光滑面),并连接至纸杯一侧的导电胶带上。再将另一段导电胶带粘贴在纽扣电池的负极上,延伸至纸杯另一侧,但不与纸杯上的导电胶带相连,中间留下 2 厘米的缺口。最后用透明胶带将纽扣电池固定在纸盒壁上。

图 9.15

步骤 11

在导电胶带的缺口处垂直贴上 3 厘米长的导电胶带，使其与连接到纸杯顶部的导电胶带平行。

步骤 12

图 9.16

取出三个 LED，将 LED 的脚打开后排列好，让长脚都朝向同一侧。

用导电胶带将 LED 固定在平行的导电胶带上，长脚都与纽扣电池的正极连接，短脚都与纽扣电池的负极连接。

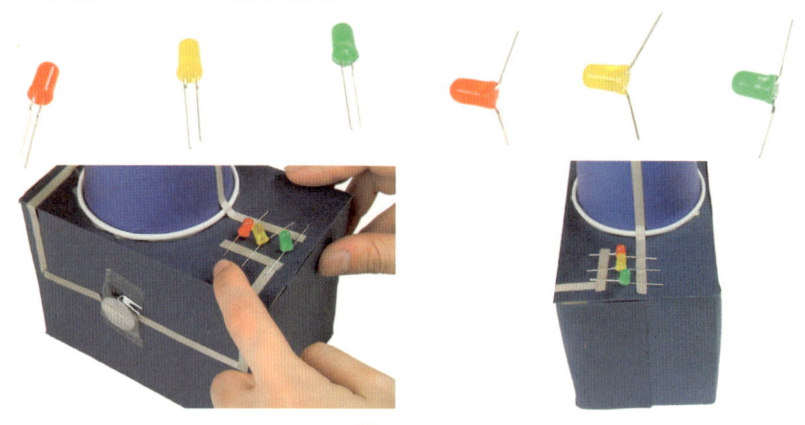

图 9.17

步骤 13

我们的弹力火箭做好啦！测试一下，将火箭套入发射台并往下压紧，此时 LED 亮起。松开火箭，它就升空了！

图 9.18

小贴士

你可以通过自己的设计，让火箭的制作更加丰富有趣！

六、实验与创新

我们在电路中应用了锡箔纸可以导电的性质，制作了弹力火箭。那么，在生活中，你知道还有哪些常见的材料是可以导电的吗？它们都被应用在哪些地方呢？想一想，并列出五个，填写在下面的表格中。

我知道这些导电材料	在生活中，它们都应用在这些地方
举例：电缆中的铜线	举例：因为铜的导电性能非常好，所以生活中常见的电线、电缆都采用的是铜线
1.	
2.	
3.	
4.	
5.	

今天吃什么

图 10.1

一、制作介绍

面对琳琅满目的菜单，你会为不知道该选择吃什么而苦恼吗？这一次，就让午餐选择机来帮助你吧！只要按下按钮再放开，午餐选择机就可以帮你决定今天吃什么了！

二、知识拓展

我们利用电路通、断路和马达的转动制作了一个随机选择装置。当我们按下按钮，电路通路，马达开始转动。当我们放开按钮，电路断路，马达就停止转动。

创客动手做

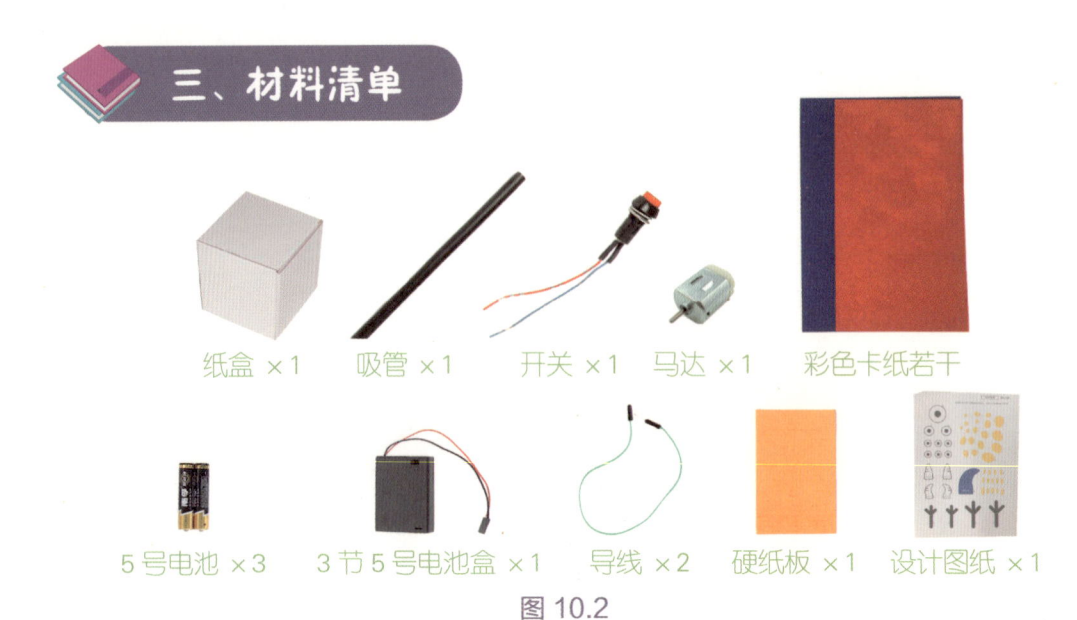

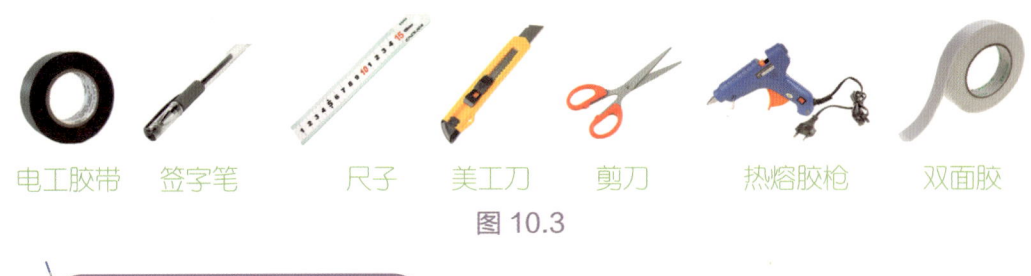

三、材料清单

纸盒 ×1　　吸管 ×1　　开关 ×1　　马达 ×1　　彩色卡纸若干

5号电池 ×3　　3节5号电池盒 ×1　　导线 ×2　　硬纸板 ×1　　设计图纸 ×1

图 10.2

四、工具清单

电工胶带　　签字笔　　尺子　　美工刀　　剪刀　　热熔胶枪　　双面胶

图 10.3

五、操作步骤

步骤 1

在硬纸板上画一个直径约为 12 厘米的圆，剪下。用白纸或彩纸进行装饰。

图 10.4

步骤2

以圆的中心为原点,用笔或彩纸,将圆平均分成八个扇形,然后在每个扇形上写上或画上一种食物。

图 10.5

步骤3

取出一个马达和一个 2 节电池盒,将马达的黑线和电池盒的黑线连接在一起。

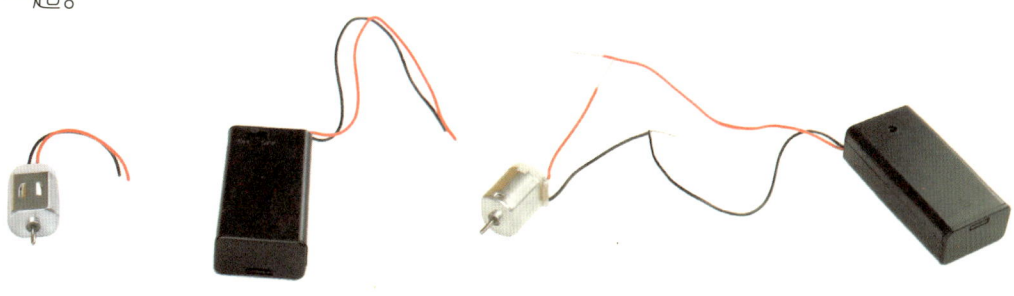

图 10.6

步骤 4

取出两根长约 20 厘米的红色导线。一根与电池盒的红线相连，另一根与马达的红线相连。

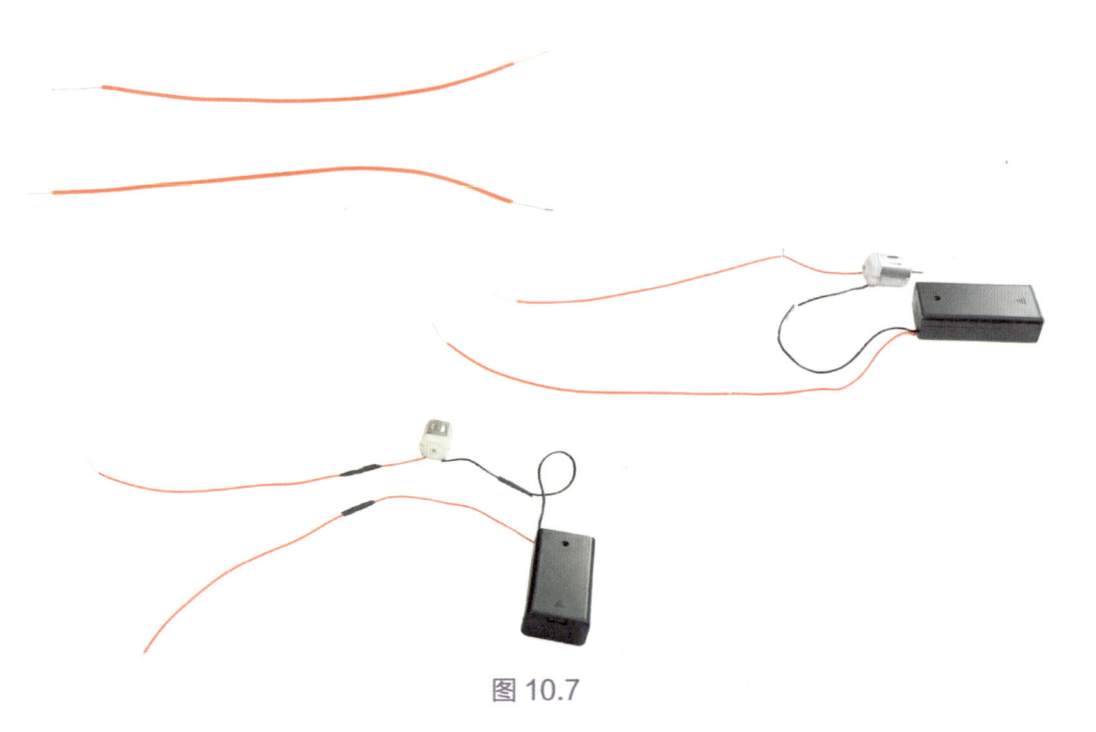

图 10.7

步骤 5

取出一根粗吸管与一个开关。剪取一段长约 7 厘米的粗吸管，将开关套入粗吸管扭紧，并保证露出开关的电线。

图 10.8

6 步骤6

将开关的两条导线分别与电池盒的红线和马达的红线相连，并将所有的导线连接处用电工胶带缠紧固定，以免短路或断路。

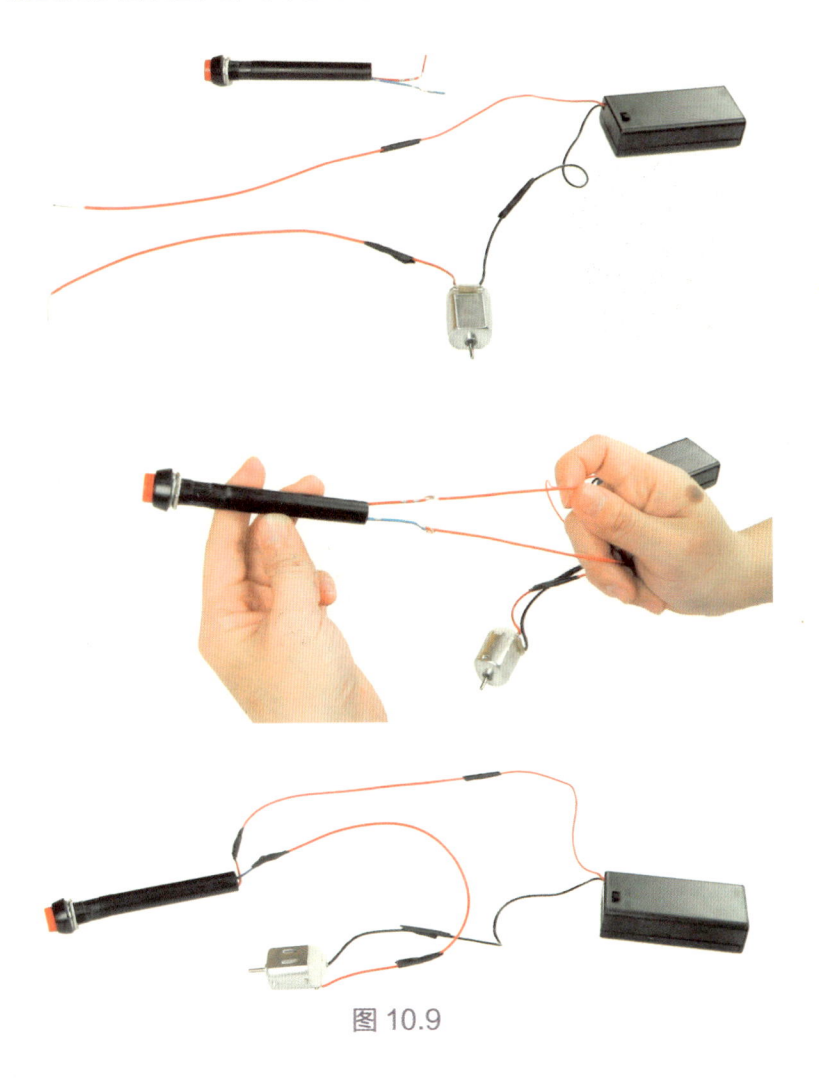

图 10.9

小贴士

开关没有正负极，所以红色导线不管接开关的哪一端都可以！

步骤 7

取出小纸盒，并用彩纸进行装饰。先在盒子顶部的中心位置挖一个小洞，再将马达的轴由盒盖内向外穿出，使马达轴从盒盖露出，并用胶枪固定好。

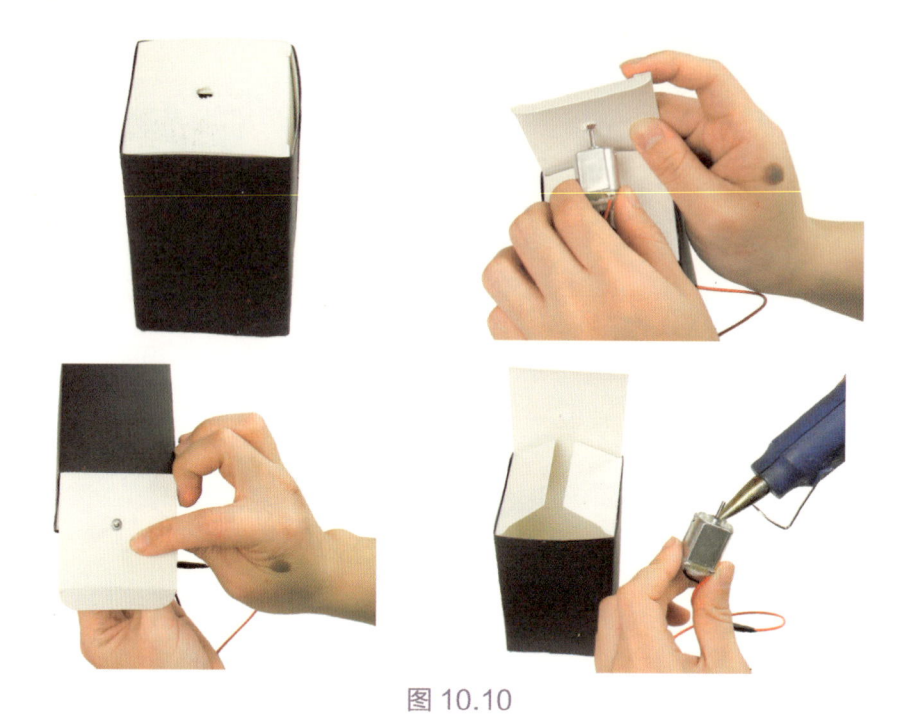

图 10.10

步骤 8

用小刀在最开始做好的圆盘中心裁一个直径约 0.5 厘米的小孔。将圆盘穿过马达轴，并用胶枪将圆盘固定在盒盖上。注意，圆盘内侧不能与马达轴接触。

图 10.11

步骤 9

剪下一块长 5 厘米、宽 1.5 厘米的小长方形，用彩纸进行装饰，并剪成指针的形状，如下图所示，最后粘在露出的马达轴上。

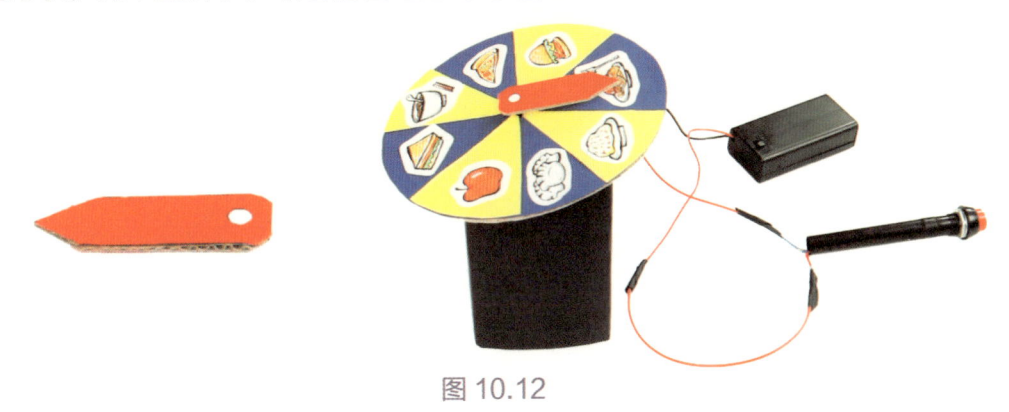

图 10.12

步骤 10

将电池装入电池盒。电池盒放进小纸盒中，开关留在纸盒外面，并将小纸盒封好。今天我们吃什么装置就可以使用啦！

图 10.13

小贴士

你可以通过自己的设计，让制作过程更加丰富有趣！

六、实验与创新

今天你了解了哪些新知识、新技能？你觉得它们可以应用在生活中的哪些地方呢？

将你今天学到的新知识逐条列在下面，并和你的小伙伴讨论交流一下！

我今天学到了	我在生活中的这些地方见过它	我觉得它还可以用来做什么
举例：我今天学会了胶枪的使用	举例：在黏合纸盒的时候可以用它	举例：我觉得它还可以用来黏合塑料盒子、布料等

洗衣刷碰碰车

图 11.1

一、制作介绍

春暖花开，游乐场的碰碰车们又热闹起来啦！今天，我们就用振动马达、强力磁铁与洗衣刷来制作一台洗衣刷碰碰车。当我们开启开关，振动马达的偏心轴开始振动，就会带动碰碰车在平地上疯狂地奔跑。利用强力磁铁的引导棒控制碰碰车的方向，跟朋友来场碰碰车大赛吧！

二、知识拓展

振动马达的工作原理是偏心轴在旋转过程中造成的重心不平衡导致的剧烈晃动，从而形成振动。电动牙刷和手机里都有振动马达的身影。而洗衣刷的刷毛由于不等长，在振动马达的带动下就会一直倾向某个方向运动。在碰碰车的车尾粘上磁铁，就可以利用同极磁铁相斥的原理来控制碰碰车的方向啦！

三、材料清单

洗衣刷 ×1　　竹筷 ×1　　强力磁铁 ×2　　振动马达 ×1　　彩色卡纸若干

7 号电池 ×2　　2 节 7 号电池盒 ×1　　泡棉胶 ×1　　设计图纸 ×1

图 11.2

四、工具清单

电工胶带　　签字笔　　尺子　　美工刀　　剪刀

热熔胶枪　　剥线钳

图 11.3

五、操作步骤

步骤 1

取出一个 2 节 5 号电池盒与一个振动马达,将电池盒上的导线去除橡胶皮,分别穿过振动马达上的两个耳朵后反折扭紧。

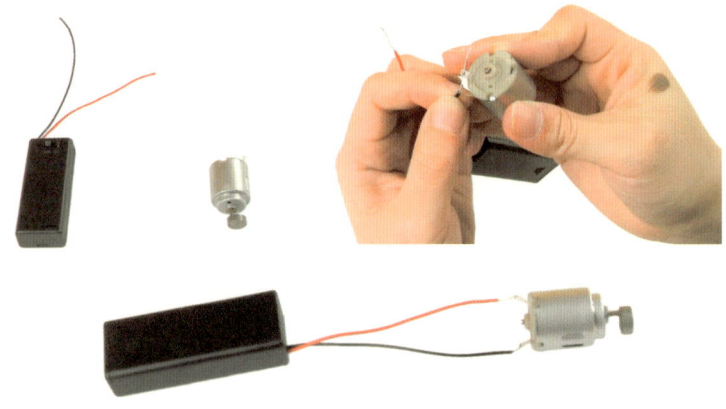

图 11.4

步骤 2

取出一个洗衣刷,用泡棉胶将振动马达固定在洗衣刷的尾端。

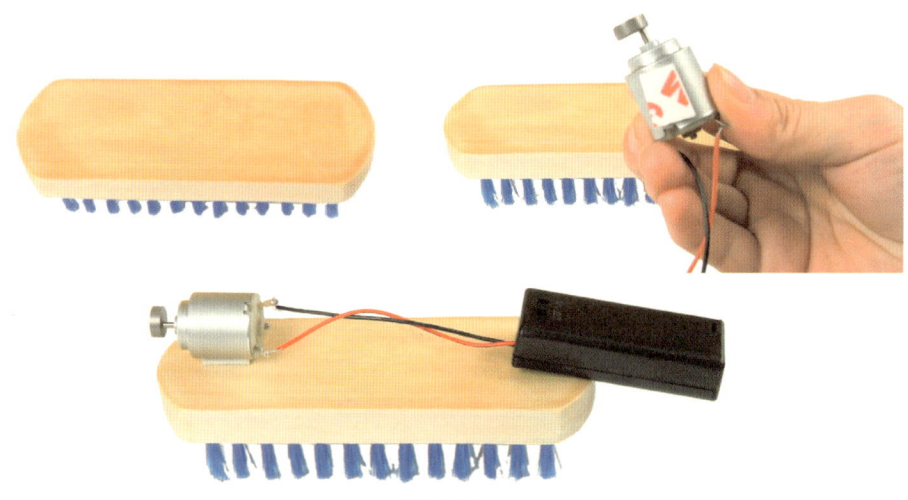

图 11.5

步骤 3

将 2 节 5 号电池装进电池盒。记得在装电池时保证电池盒开关在 OFF 的位置。

图 11.6

步骤 4

为了防止振动马达与电池盒晃动，用电工胶带将振动马达与电池盒固定在洗衣刷上。

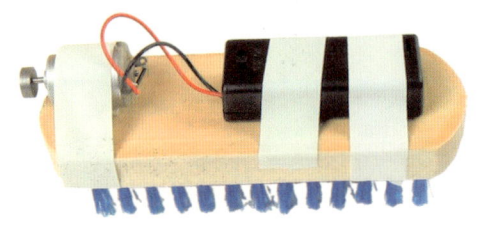

图 11.7

小贴士

注意：不要粘到刷毛上！

步骤 5

取出一块强力磁铁，用泡棉胶将其固定在与振动马达相反一侧的洗衣刷上。

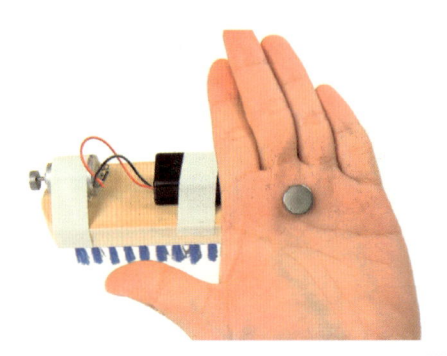

图 11.8

步骤 6

取出一支竹筷与另一块强力磁铁，用胶枪将强力磁铁粘在竹筷的前端。这样我们的引导棒就做好啦！

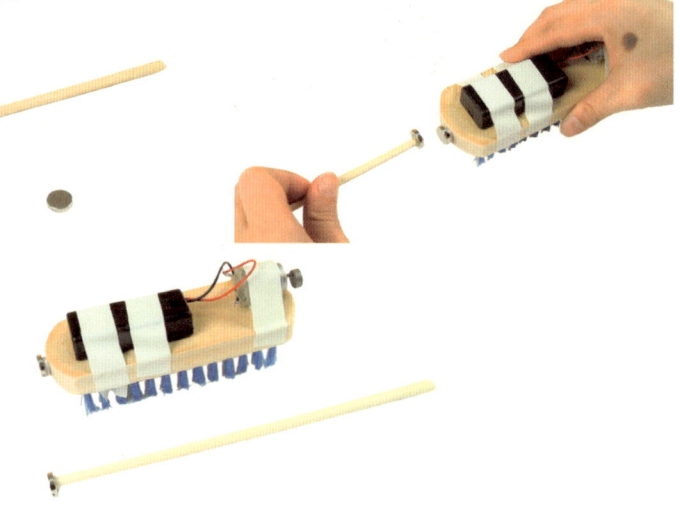

图 11.9

小贴士

注意：记得引导棒上的磁铁朝外的一面的极性需与洗衣刷上磁铁朝外的那面的相同。

步骤 7

将我们做好的碰碰车与引导棒装饰一下！

图 11.10

创客动手做

步骤 8

打开电池盒开关,观看碰碰车是不是开始疯狂地奔跑了。

图 11.11

步骤 9

在地上用电工胶带或笔确定一个范围,作为碰碰车运动的场地。将自己和小伙伴的碰碰车启动后放在场地中,在碰碰车即将冲出场地时,就用引导棒推它一下,但不可以碰到碰碰车车体。使你的碰碰车努力将小伙伴的推出线外,计时3分钟,看看谁在时间结束时还能留在场地内,谁就获得了最终的胜利啦!

图 11.12

小贴士

您可以通过自己的设计，让制作过程更加丰富有趣！

六、实验与创新

当手机的电话铃声响起时，往往还会伴有"嗡嗡"的振动声，这是为了防止因铃声被掩盖导致电话漏接的情况出现。在这里，振动马达就是手机振动的"秘密武器"。那么，你在生活中的哪些地方还见过振动马达呢？你觉得它还可以应用在什么地方呢？想一想，并写出三种，填入下面的表格里。

你觉得振动马达还可以应用在什么地方	在这些地方，振动马达是如何应用的
举例：应用在手机上	举例：振动马达使手机具有了振动功能，帮助提醒来电
1.	
2.	
3.	

纸飞机发射器

图 12.1

一、制作介绍

你曾和别人一起玩过纸飞机吗？纸飞机是否飞得远，风速、风向、飞机的重量、大小，甚至人的臂力都是影响因素。那么，你们还知道什么办法可以轻松地让纸飞机飞出去吗？今天，我们用纸板、马达、轮胎、橡皮筋制作了一个纸飞机发射器。只要启动开关，将折好的纸飞机放在轨道上往前推，我们的纸飞机就会飞起来啦！比比看，谁的纸飞机飞得最远吧！

二、知识拓展

我们利用橡皮筋增加的摩擦力与惯性制作了一个纸飞机发射器。当我们将纸飞机往前推时，纸飞机受到两边转动轮胎上橡皮筋的摩擦力带动，将马达的转速传给纸飞机。在飞机离开发射器的瞬间，因为惯性，其得以保持向前的运动状态在空中向前飞去，因此，利用纸飞机发射器就可以使纸飞机飞得又快又远啦！

纸飞机
发射器

三、材料清单

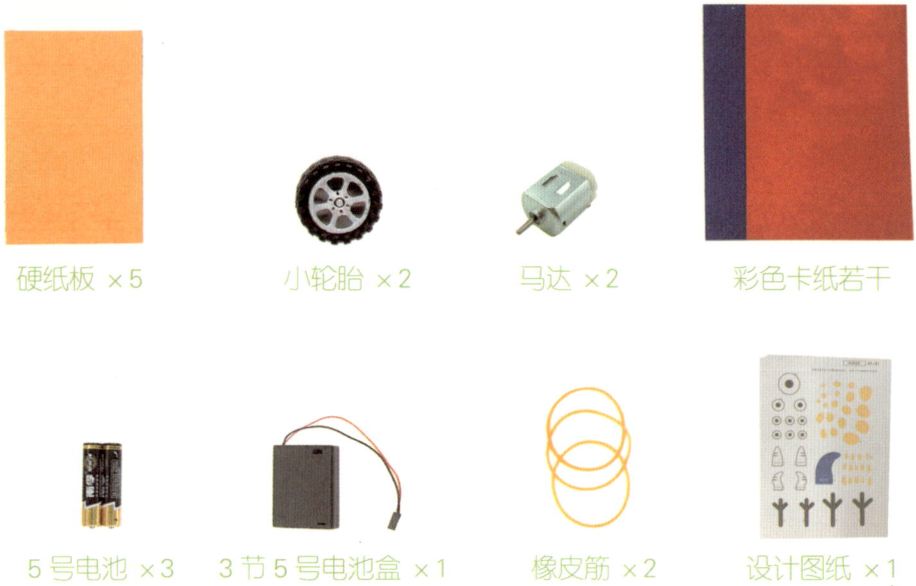

硬纸板 ×5　　小轮胎 ×2　　马达 ×2　　彩色卡纸若干

5号电池 ×3　　3节5号电池盒 ×1　　橡皮筋 ×2　　设计图纸 ×1

图 12.2

四、工具清单

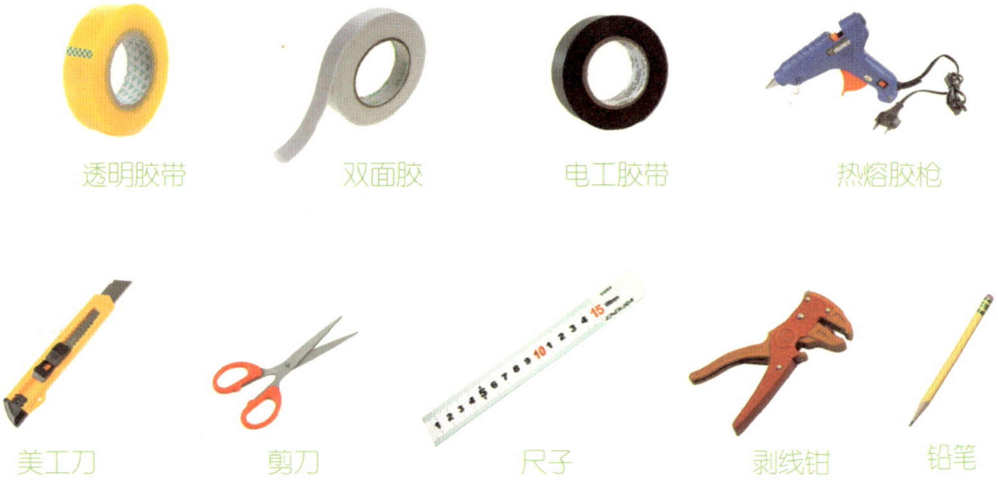

透明胶带　　双面胶　　电工胶带　　热熔胶枪

美工刀　　剪刀　　尺子　　剥线钳　　铅笔

图 12.3

89

五、操作步骤

步骤1

从硬纸板上剪下一块长 20 厘米、宽 7 厘米的长方形和一块边长为 7 厘米的正方形。用胶带将正方形纸板垂直粘在长方形纸板宽边的一端。

图 12.4

步骤2

再从硬纸板上剪取一块长 22 厘米、宽 7 厘米的长方形纸板，将刚刚粘好的结构与这块硬纸板的两个宽边粘在一起，就做成了一个立体三棱柱的结构，最后用胶带对连接处进行粘贴加固。

图 12.5

步骤 3

用彩纸进行装饰。

图 12.6

步骤 4

从硬纸板上剪取两块长 10 厘米、宽 1.5 厘米的长方形纸条。

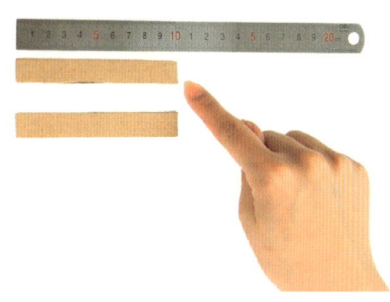

图 12.7

步骤 5

用热熔胶枪将刚刚剪好的两个长方形纸条平行直立粘在如下图所示的位置，作为纸飞机的跑道。两张纸条间距 1 厘米，距离所处平面两侧边各 3 厘米，距离直角面 1 厘米。

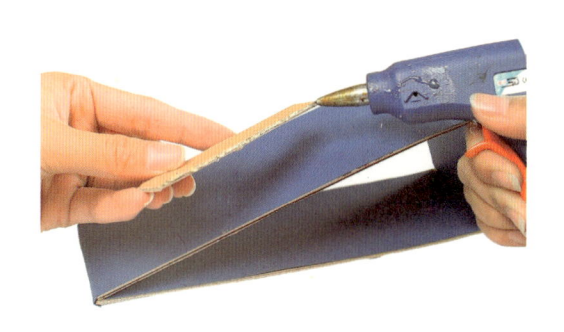

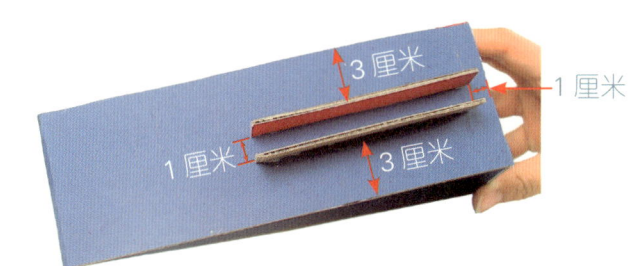

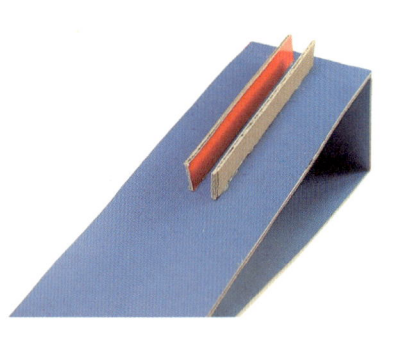

图 12.8

步骤 6

取出两个带线马达与两个小轮胎，将轮胎分别固定在马达轴上，并在轮胎上缠上橡皮筋。

图 12.9

步骤 7

用胶枪将两个马达粘在直角立面上，距离左右两边均为 1 厘米，两个轮胎之间留有 0.5 厘米左右的缝隙即可。

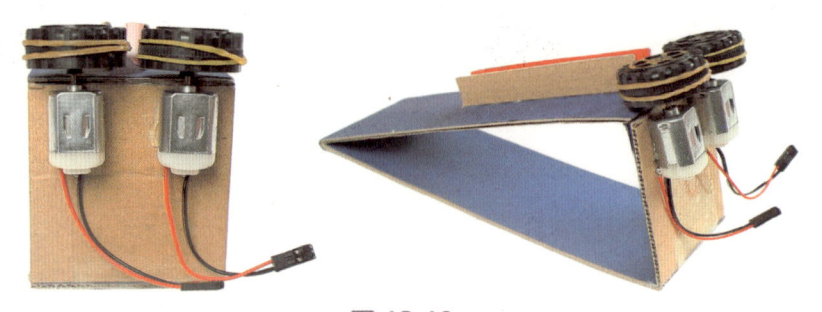

图 12.10

小贴士

注意：千万不要让轮胎碰到相邻的跑道表面！

步骤 8

将马达的四根线用剥线钳分别剥掉长 1 厘米的橡胶。

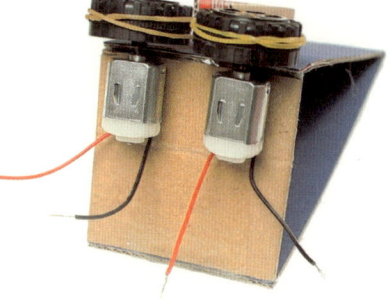

图 12.11

步骤 9

将两个马达靠近中间的红线和黑线缠绕在一起，再将外侧的红线和黑线缠绕在一起。

图 12.12

步骤 10

取出两个 2 节电池盒，用剥线钳剥开连接线 1 厘米长的橡胶。将电池盒的红线接在马达中间的两根导线上，黑线接在马达外侧的两根导线上。

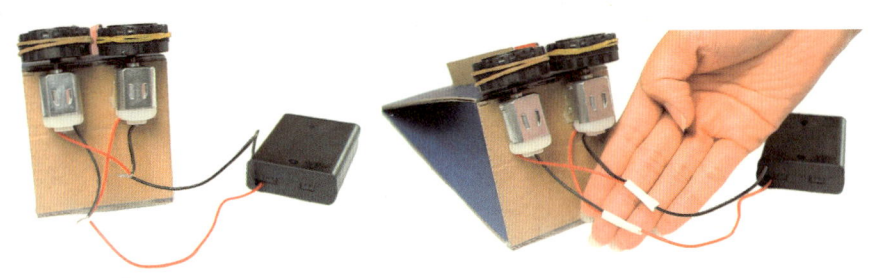

图 12.13

小贴士

注意：为了防止电路短路，用电工胶带或透明胶带将电线的连接处包裹固定。

步骤 11

将 4 节 5 号电池，装入电池盒内，将电池盒粘在轨道下方的硬纸板上，注意开关朝上。最后，按照说明书折一个纸飞机。我们的纸飞机发射器就做好啦！

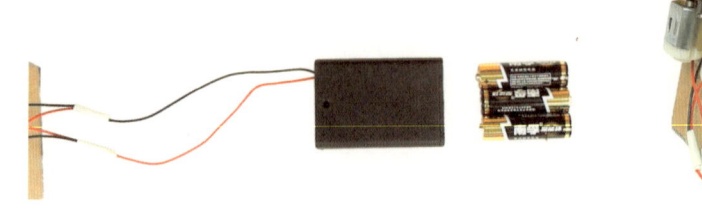

图 12.14

请根据下面的步骤，折出你的纸飞机。

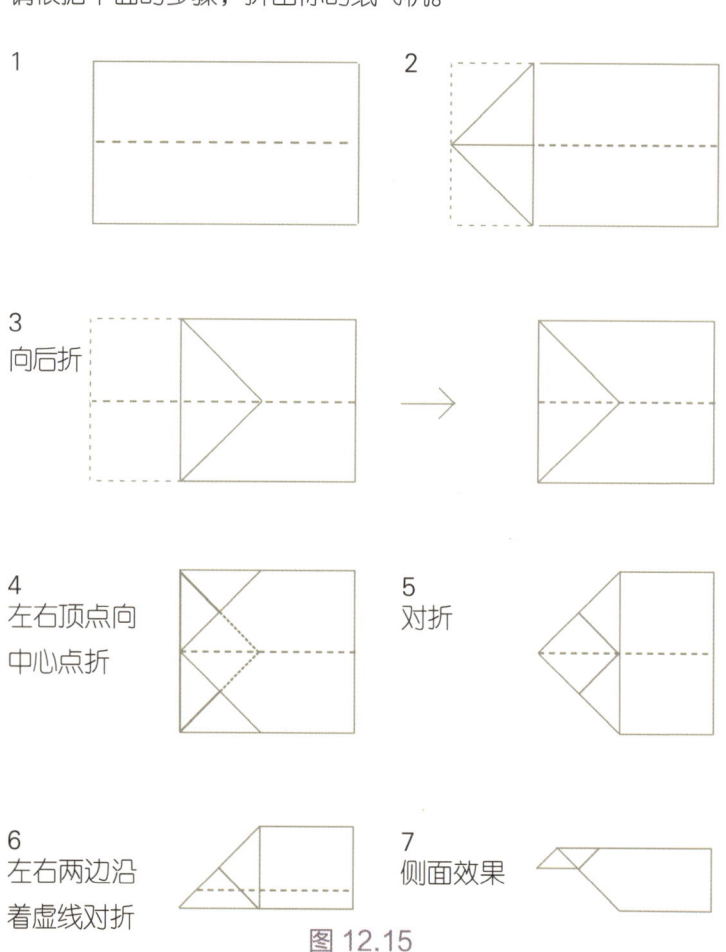

1

2

3
向后折

4
左右顶点向
中心点折

5
对折

6
左右两边沿
着虚线对折

7
侧面效果

图 12.15

纸飞机发射器

图 12.16

步骤 12

打开电池盒的开关，将纸飞机放在轨道上，我们的纸飞机就可以起飞啦！

图 12.17

小贴士

你可以通过自己的设计，让制作过程更加丰富有趣！

六、实验与创新

你的纸飞机顺利起飞了吗？你认为什么因素会影响纸飞机的飞行距离呢？试着更改不同的条件，测试在什么样的情况下纸飞机可以飞得更远，并将你每次的飞行距离纪录在下面的表格内。

创客动手做

将你第一次测试的距离填在下面的横线上，并变更其他条件测试怎样可以让飞机飞得更远吧！

初始测试距离：_____

测试次数	飞行距离	变更条件	你这样做的原因
1	举例：1.5米	举例：用更轻的纸	举例：减轻飞机重量，让它更容易飞出去
2			
3			
4			
5			
6			
7			

滚动电视机

图 13.1

一、制作介绍

我们对电视机都不陌生，电视机能播放精彩的动画片、综艺节目、电影等。今天，我们就用纸盒、白纸、橡皮筋和吸管来制作一台滚动电视机。利用吸管上橡皮筋的摩擦力来转动纸卷，利用水银开关来控制纸箱内的照明，在纸卷上画上漫画，我们就能演一出好戏给朋友们看啦！

二、知识拓展

水银开关的开与关受水银重力的影响。在水银开关直立时，开关中的水银将线路接通形成电路通路。倒立的时候，水银开关内的水银离开电路导致断路，从而控制 LED 的亮与灭。

三、材料清单

纸箱 ×1　　吸管 ×2　　透明塑料片 ×1　　A4 纸若干　　彩色卡纸若干

橡皮筋 ×3　　LED ×4　　纽扣电池 ×1　　导电胶带 ×1　　设计图纸 ×2　　水银开关 ×1

图 13.2

四、工具清单

双面胶　　尺子　　剪刀　　美工刀　　彩色笔

图 13.3

五、操作步骤

1 步骤 1

取出彩纸和剪刀，装饰你的纸箱。

图 13.4

98

步骤 2

在纸箱的正面裁去一个长 10 厘米、宽 7 厘米的长方形。

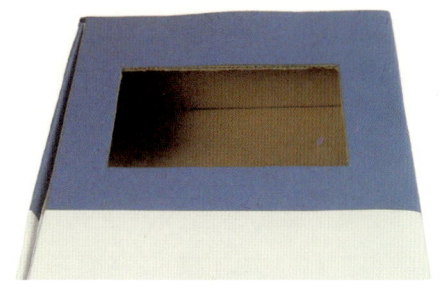

图 13.5

步骤 3

剪一块长 12 厘米、宽 9 厘米的透明塑料片粘在开口纸箱板内侧。

图 13.6

步骤 4

取出四个 LED，将 LED 的脚打开，在纸箱内侧使 LED 的长脚都朝同一个方向，排成一列，并用导电胶带将 LED 固定在纸箱上。导电胶带的尾端需延伸至距离箱子底端 2 厘米处。

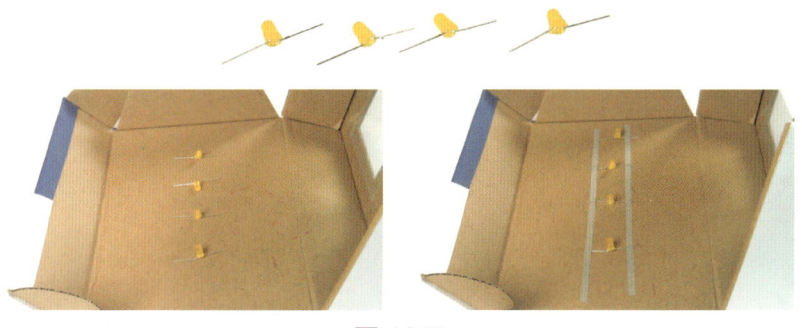

图 13.7

小贴士

没有导电胶带，也可以用剪成长条状的铝箔纸与胶带代替。

步骤 5

将一粒纽扣电池放在两条导电胶带的尾端中间。将串联 LED 长脚的导电胶带粘在纽扣电池的正极，连接 LED 短脚的导电胶带粘在纽扣电池的负极，将纽扣电池用透明胶带固定在纸箱上。

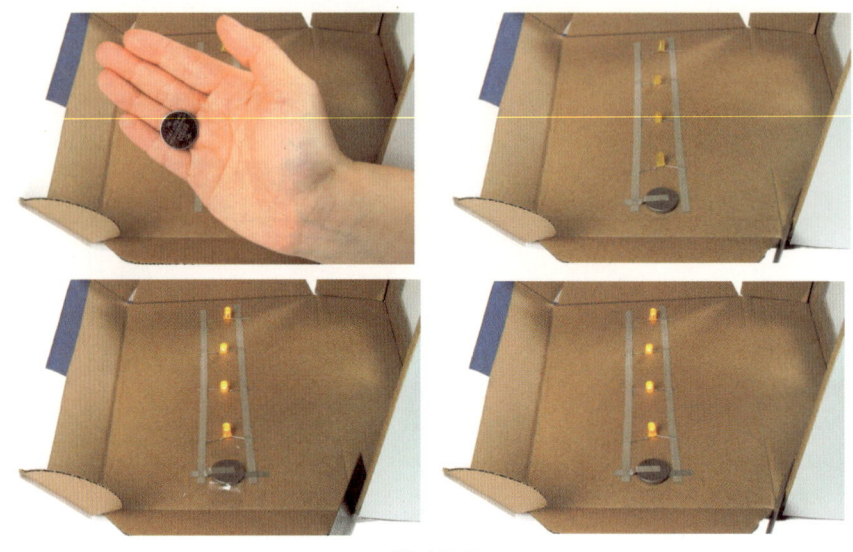

图 13.8

步骤 6

在 LED 和纽扣电池之间，撕掉 2 厘米的导电胶带，将水银开关的两只脚分别固定在导电胶带的缺口两端，并使水银开关的头向上。测试一下，在纸箱倒过来时，LED 是否会熄灭。

图 13.9

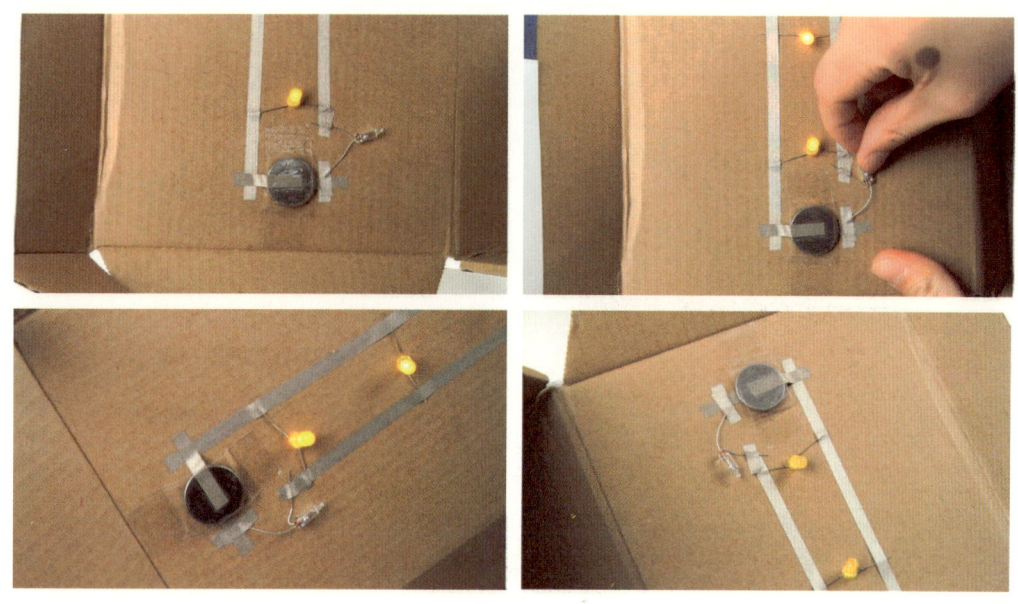

图 13.10

步骤 7

在纸箱左右两侧距离顶端与底端 4 厘米处，各钻 1 个小孔，以便吸管可以穿过。

图 13.11

创客动手做

步骤 8

取出两根吸管,将其剪成比纸箱的宽长 5~6 厘米的一段,再在其上缠绕三根橡皮筋。

图 13.12

小贴士

如果吸管长度不够,可以将吸管一端压扁对折后塞入另一根吸管中。

步骤 9

将缠有橡皮筋的吸管穿过纸箱上方两侧的小洞,另一根吸管穿过纸箱两侧下方的小洞。

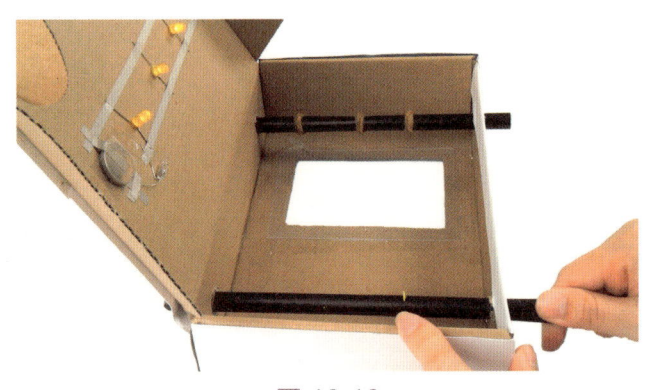

图 13.13

步骤 10

取几张 A4 白纸，裁成宽比纸箱宽短 3 厘米、长度为两根吸管最远距离的 2 倍加 5 厘米。平均画上几个长 10 厘米、宽 7 厘米的格子，格子数量依照长度而定，并在格子内画上漫画。

图 13.14

小贴士

注意：第一格漫画上方要预留 4 厘米的空间！

步骤 11

将这张纸有画的一面朝外，绕过两根吸管，首尾粘紧，构成一个纸环。

图 13.15

步骤 12

最后将纸箱封好，我们的滚动电视机就做好啦！将纸箱立起来，就可以点亮 LED，转动吸管，开始给朋友们讲故事吧！

图 13.16

滚动电视机

六、实验与创新

请你为布布老师和小地球设计故事情节，并将对话内容填入对话框中。想想看，你能为布布老师设计出怎样的故事呢？

图 13.17

会说话的相框

图 14.1

一、制作介绍

我们利用电路中通路与断路的知识制作一个会说话的相框，并用导电胶带来连接电路。将带有背板的照片轻轻放在相框支架上，就可以听到对照片内容和时间地点的介绍。触发背后的录音按钮，它还可以变为一个温馨的留言装置。

二、知识拓展

当背板与相框接触时，背板下的导电胶带与相框两侧连接录音模块的导电胶带相接触，整体电路就形成通路，启动录音模块并播放预先录好的声音。当拿起背板时，通路变成断路，录音模块的电路断开，无法供电放声，声音中断。

会说话
的相框

三、材料清单

纸箱 ×1 　　　录音模块 ×1　　　A4 纸若干

3 节 7 号电池盒 ×1 　　7 号电池 ×3 　　导电胶带 ×1 　　设计图纸 ×3

图 14.2

四、工具清单

双面胶 ×1 　　尺子 　　剪刀 　　美工刀 　　垫板

图 14.3

五、操作步骤

步骤 1

将图形①和图形②从图纸上沿线剪下备用。

图 14.4

107

步骤 2

以③号图形为基准图，在纸箱板上剪出鸡的两只脚。你可以先将③从图纸上剪下，贴在纸箱板上，再沿着轮廓线剪出形状。

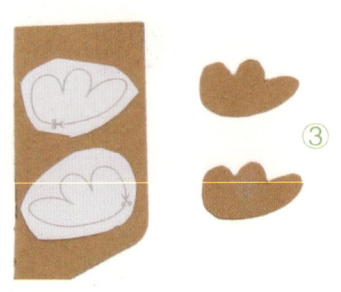

图 14.5

步骤 3

用同样的方法在纸箱板上剪下④⑤⑥⑦⑧⑨的形状。

图 14.6

步骤 4

将①和③粘贴在一起，②和④粘贴在一起，作为小鸡外形和脚的装饰。

图 14.7

步骤 5

将⑥⑦⑧用双面胶粘在一起，做成一个三层厚的纸板。在厚纸板的左右两端用导电胶带密集缠绕出约 2 厘米宽的接触点。

图 14.8

步骤 6

剪一条白纸贴在厚纸板的最外侧作为装饰，用双面胶将厚纸板的内侧固定在小鸡正面最下方的位置。将小鸡的两只脚贴在厚纸板上。

图 14.9

步骤 7

用双面胶将录音模块的喇叭与电路板固定在小鸡形象的背后。

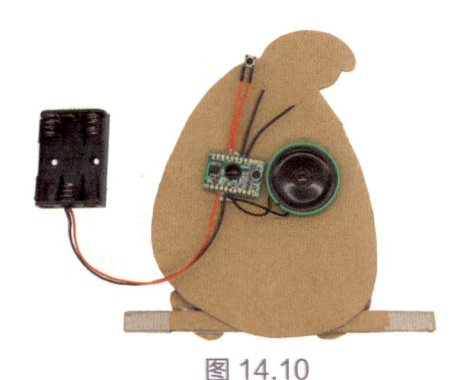

图 14.10

步骤 8

用导电胶带分别将黑色导线裸露的金属线头固定在纸板上。

图 14.11

步骤 9

继续用导电胶带沿着纸板左右两侧粘贴,一直贴到厚纸板左右两边的导电胶带上。

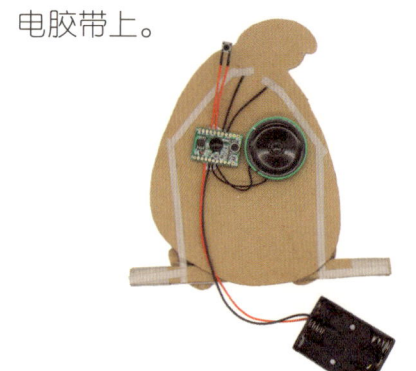

图 14.12

步骤 10

将⑨从虚线位置折叠成三角形作为相框支架,并用透明胶带固定。

图 14.13

步骤 11

将 5 号电池装入电池盒,并将电池盒固定在相框支架内。将相框支架固定在小鸡背后。

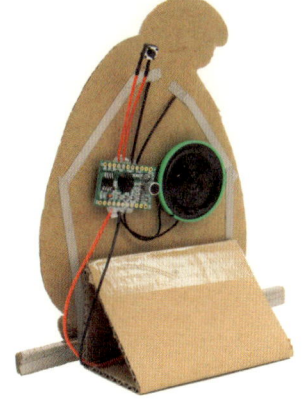

图 14.14

步骤 12

用导电胶带包裹住⑤的长边。

图 14.15

步骤 13

将⑩从图纸上剪下,沿着虚线向内折叠成相框的边角,并用双面胶固定。

图 14.16

步骤 14

用双面胶将相框角贴在⑤的两个对角，作为照片的固定角。

图 14.17

步骤 15

恭喜你制作完成！按下相框背后的黑色按钮，就可以对着录音模块录入你想说的话，录音完毕后再按一次黑色按钮，听到一声短促的"滴滴"后表示录音完成。

现在，将照片放入相框内，并对着录音模块录下你想说的话。将相框拿给周围的人看，让拿到它的人大吃一惊吧！

图 14.18

六、实验与创新

你觉得录音相框的功能还可以应用在生活中的哪些地方，如何应用呢？试着将你的想法画在纸上与大家分享。

感应磁铁廊灯

图 15.1

一、制作介绍

我们利用光线反射的原理,通过红外线测距模块制作一个感应磁铁廊灯。用电子模块控制 LED 的亮与灭,当有人靠近时,廊灯会亮起并显示告示词语,当人离开时,廊灯便会熄灭,以达到节能环保的目的。

二、知识拓展

红外感应模块是许多感应模块中的一种,它通过感应红外光线的有无,来判定前方是否有物体经过。生活中许多常见的感应装置,如自动出水的洗手台、自动冲水的马桶、自动打开的旋转门、电梯防夹等。想想看,你还见过哪些感应装置呢?

三、材料清单

纸箱×1　透明塑料片×1　4节电池盒×1　2节电池盒×1　导线×2　彩色卡纸若干

5号电池×6　LED×5　导电胶带×1　强力磁铁×4　红外线模块×1　设计图纸×1

图 15.2

四、工具清单

透明胶带　双面胶　泡棉胶　剥线钳　美工刀　尺子　铅笔

图 15.3

五、操作步骤

步骤1

用美工刀将纸箱盖裁下，使纸箱成为一个敞口箱。用彩纸装饰纸箱的外围。

图 15.4

114

步骤 2

将两条导电胶带，平行粘贴在纸箱一侧，两条导电胶带相距 2.5 厘米。用笔在其中一条导电胶带上标注"＋"、另一条标注"－"。

图 15.5

步骤 3

取出五个 LED，将 LED 的脚打开，让 LED 的长脚都朝向同一个方向。

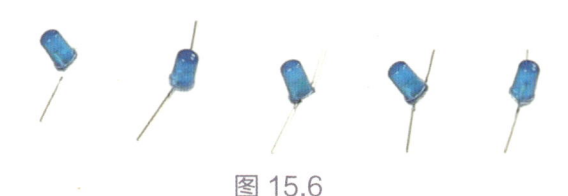

图 15.6

步骤 4

用导电胶带将五个 LED 固定在纸箱上。长脚固定在标有"＋"的导电胶带上，短脚固定在标有"－"的导电胶带上。

图 15.7

创客动手做

步骤 5

对照电路图，连接好红外线模块。注意，留出与 LED 连接的两条黑色导线位置。

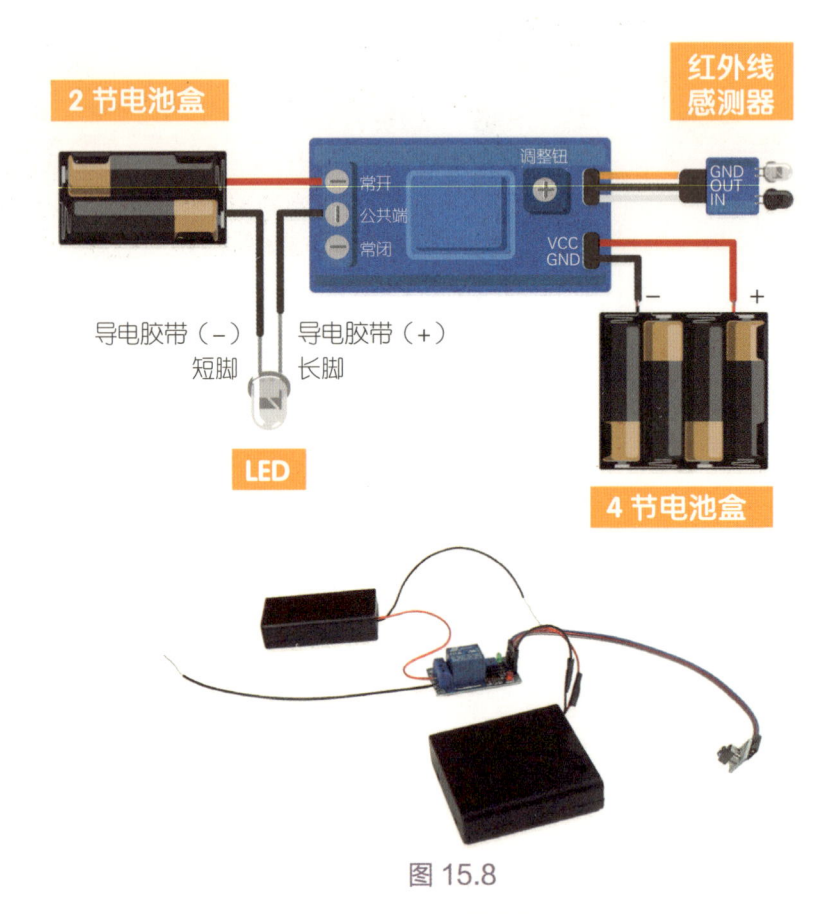

2 节电池盒　　红外线感测器
常开　调整钮　GND OUT IN
公共端
常闭　VCC GND
导电胶带（−）　导电胶带（+）
短脚　长脚
LED
4 节电池盒

图 15.8

步骤 6

用导电胶带将电池盒的黑线固定在标有"−"的导电胶带尾端；将模块黑线连接到标有"+"的导电胶带尾端。

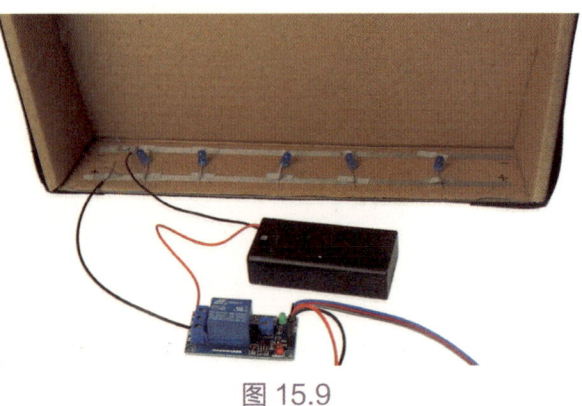

图 15.9

步骤 7

将电池盒装上电池，并打开电池盒开关测试一下。当手放在红外线感测器前时，LED 是否会亮起。

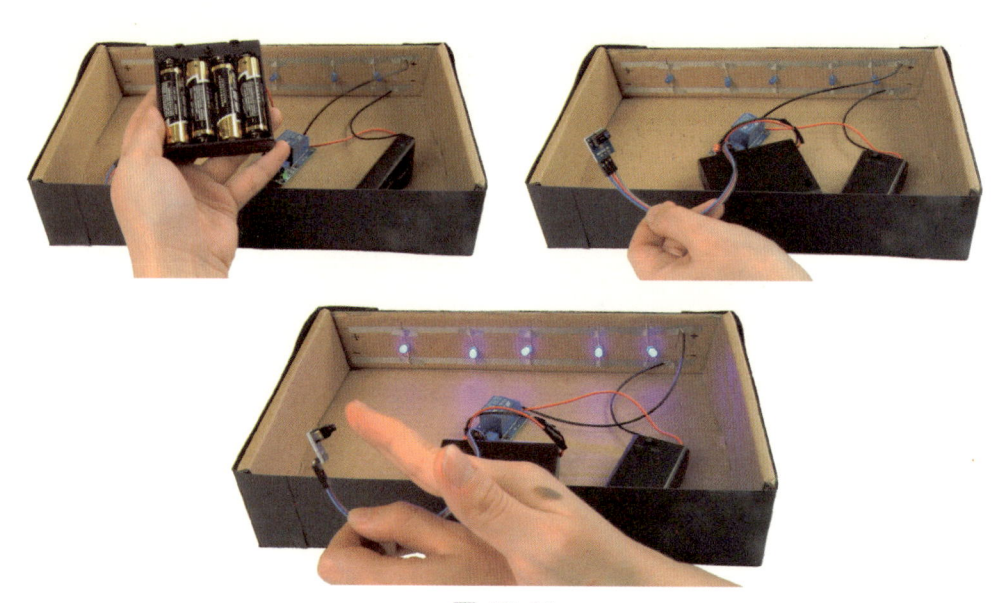

图 15.10

步骤 8

关闭电池盒开关。用泡绵胶将电池盒与模块固定在纸箱内侧，注意，将红外线感应器固定在纸箱下缘的正中央，突出纸箱边缘。

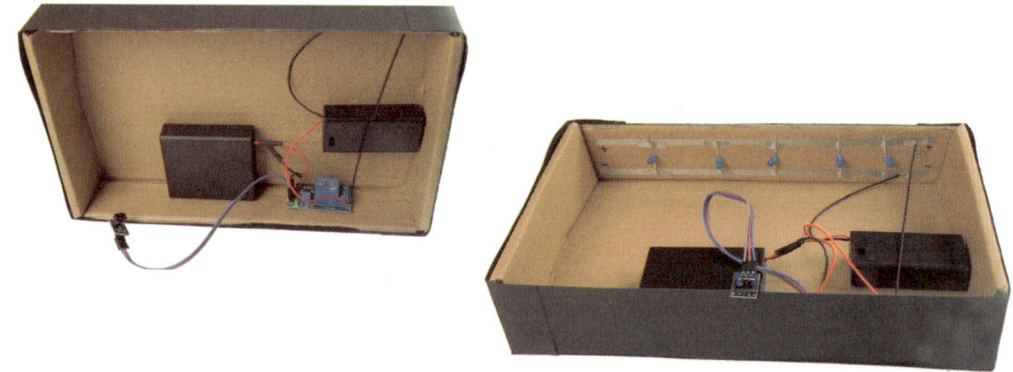

图 15.11

创客动手做

步骤 9

在纸箱底部裁出一个能使手指触碰到开关的工作孔，以便开启或关闭电池盒开关。

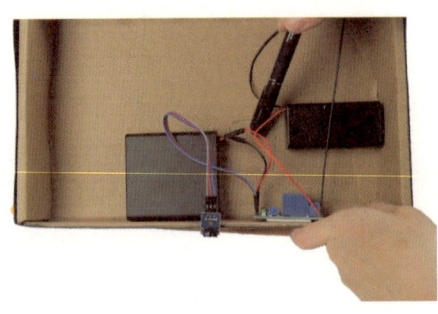

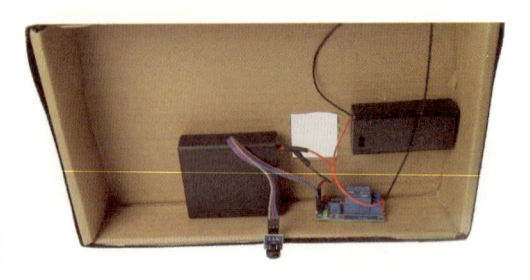

图 15.12

步骤 10

用与装饰纸箱同色的彩纸制作灯罩，在彩纸上裁下想要的文字或图案。

图 15.13

步骤 11

在灯罩的背面用透明胶带粘上透明塑料片。

图 15.14

步骤 12

将裁好的灯罩粘贴在纸箱上,记得留出红外线感测器的窗口。

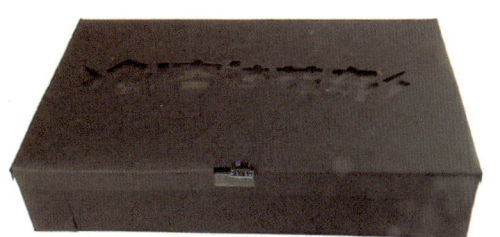

图 15.15

步骤 13

将四个强力磁铁粘贴在灯箱背面的四个角上。

图 15.16

创客动手做

步骤 14

打开两个电池盒开关,将我们的磁铁廊灯贴在门上或墙上,只要有人经过,我们的廊灯就会亮起来!这样,我们的感应磁铁廊灯就做好啦!

图 15.17

小贴士

如果模块感应不太顺畅,很可能是电池快要没电了,这时,只要换上新的电池就没有问题了。

感应磁
铁廊灯

六、实验与创新

观察一下，生活中还有哪些设施与感应廊灯一样具有节约能源的功能呢？请你举出3个例子，并根据下面的范例，简单描述一下它是如何实现节能的。

范例：

我知道磁铁廊灯具有节约能源的功能。当磁铁廊灯的感应模块检测到有人经过时，就会自动接通电路为人照亮；当磁铁廊灯的感应模块检测不到有人经过时，就会自动断开电路，达到节约电能的目的。

我知道 _____ 具有节约能源的功能。当 _____ 时，就会 _____ ；当 _____ 时，就会 _____ ；这样就达到 _____ 。

我知道 _____ 具有节约能源的功能。当 _____ 时，就会 _____ ；当 _____ 时，就会 _____ ；这样就达到_____ 。

我知道 _____ 具有节约能源的功能。当 _____ 时，就会 _____ ；当 _____ 时，就会 _____ ；这样就达到 _____ 。

121

贝壳小夜灯

图 16.1

一、制作介绍

灯光柔和的小夜灯在茫茫的黑夜中帮助我们引路照明。今天，我们就用光敏感测器、LED 与白纸制作一个贝壳小夜灯。当我们处于较暗的空间时，节能小夜灯就会自动开启；当我们处于较亮的环境时，节能小夜灯就会自动关闭。

二、知识拓展

光敏感测器是最常见的感测器之一。它通过感测环境中光的强弱变化来控制开关。生活中有许多光敏感应装置，如太阳能路灯、防盗报警装置、摄像头、光控玩具等。想想看，生活中还有哪些装置是通过光线强弱来控制的呢？

贝壳小夜灯

三、材料清单

纸箱×1　　光敏模块×1　　2节电池盒×1　　4节电池盒×1　　彩色卡纸若干

5号电池×6　　LED×1　　导线×3　　针和线×1　　设计图纸×3　　A4纸若干

图 16.2

四、工具清单

双面胶　　尺子　　剪刀　　美工刀

签字笔　　热熔胶枪　　电工胶带

图 16.3

123

五、操作步骤

步骤 1

取出两张白纸，在两侧的宽边，每 2 厘米做一个记号，再将两侧相对应的记号相连。画出二十段宽 2 厘米的长纸条。

图 16.4

步骤 2

从第二张小纸条开始，在距离第一张小纸条的宽边 0.5 厘米做一个记号，第三张小纸条在距离第二张纸条的宽边 0.5 厘米处做记号……依次类推至第二十张小纸条。

图 16.5

步骤 3

用美工刀将所有的纸条裁切开来，我们会得到二十条宽 2 厘米、长度依次缩短 0.5 厘米的纸条。

图 16.6

步骤 4

将所有的纸条由长到短排列、叠好并对齐。

图 16.7

步骤 5

将棉线穿过缝衣针，打一个结。从长纸条一侧距离纸条底端 1 厘米处穿过整叠纸条。

图 16.8

步骤 6

将纸条的另一端对齐,这次由短纸条一侧,在距离纸条底端 1 厘米将针线处穿过整叠纸条。

图 16.9

步骤 7

穿完拉紧,将这些纸条的两端合拢形成一个花瓣的形状,最后再拉紧打结。

图 16.10

步骤 8

按顺序将这些纸条分开,并将每段重叠的部分用胶水或双面胶固定住,贝壳灯罩就做好啦!

图 16.11

图 16.12

9 步骤 9

取出一个纸箱当作灯的底座,首先用彩纸装饰一下。

图 16.13

10 步骤 10

按照电路图,连接好光敏模块、LED 与电池盒。打开电池盒与模块开关,测试一下在有光的环境下 LED 是否是暗的;在暗的环境下,LED 是否是亮的。

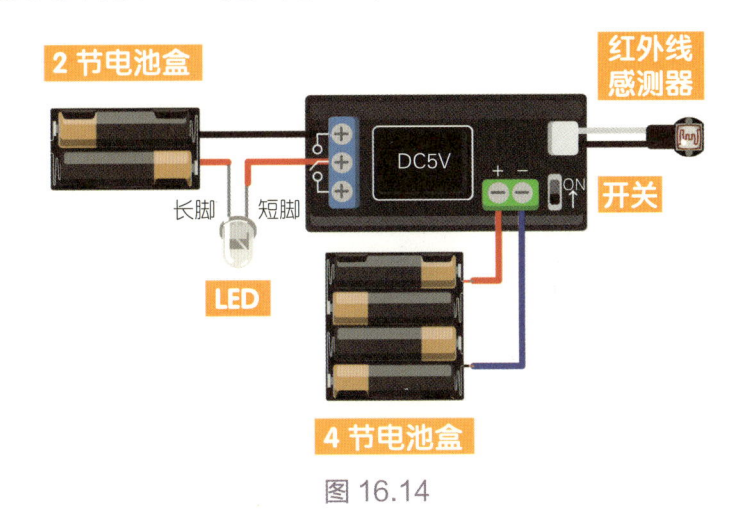

图 16.14

小贴士

为增加稳定性，在导线与导线及导线与 LED 连接处可用电工胶带粘贴固定。

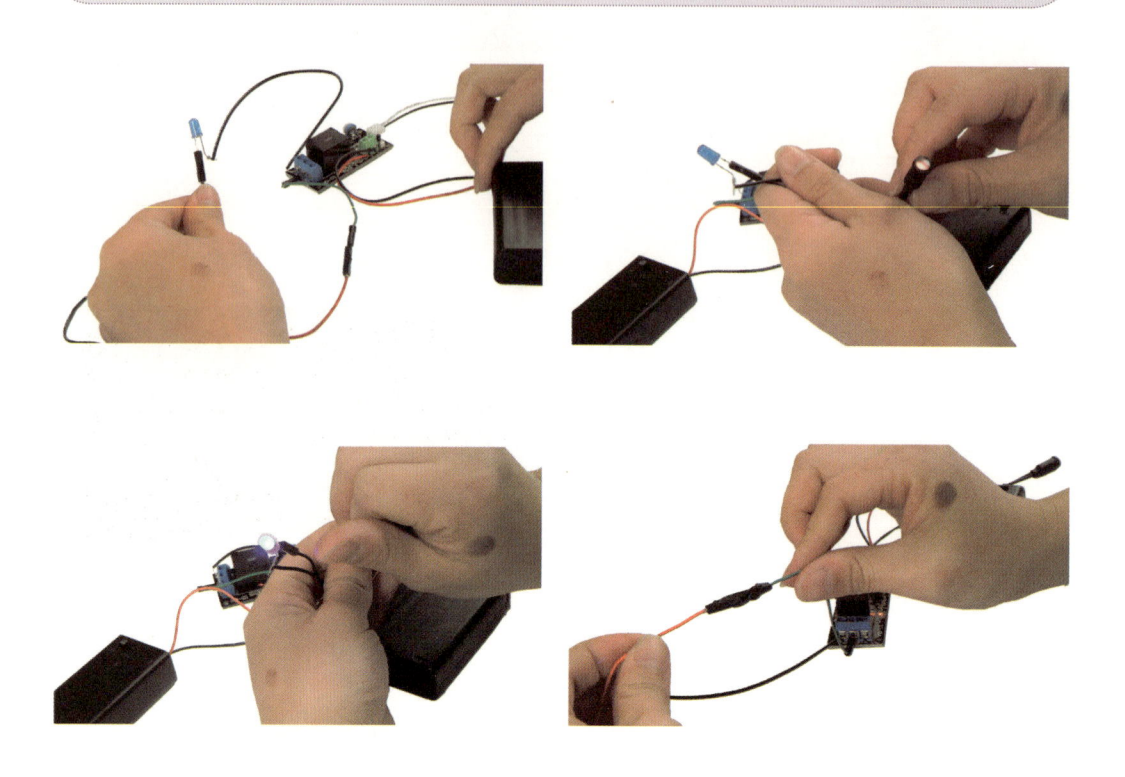

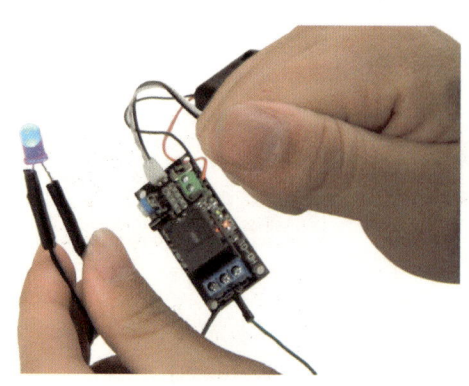

图 16.15

步骤 11

将接有 LED 的光敏模块和电池盒放入箱子里面并用电工胶带固定，以免模块与电池盒在纸箱内滑动。

图 16.16

步骤 12

在纸箱的一侧开一个口，以便光敏电阻的感测器穿出来。用胶枪将光敏感测器固定在纸箱内侧。

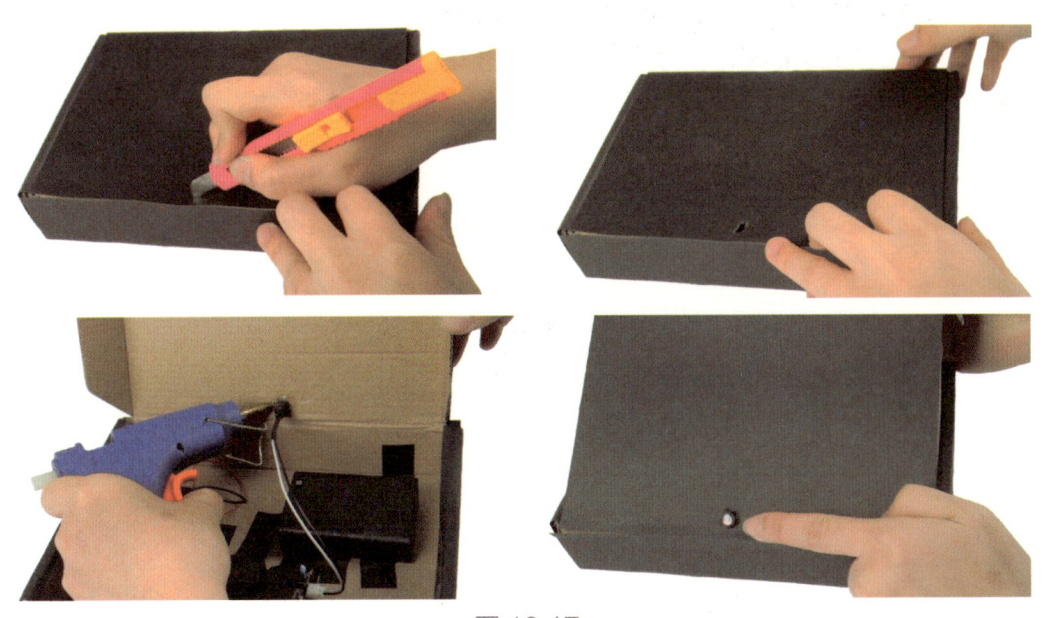

图 16.17

创客动手做

步骤 13

在纸箱的正中间开一个口，方便 LED 穿出来。

图 16.18

步骤 14

取出刚刚做好的贝壳灯罩，用胶枪将灯罩固定在纸箱上，罩住 LED 灯孔。

图 16.19

小贴士

注意：千万不要遮到光敏感测器！

步骤 15

取出胶带将 LED 粘在贝壳灯罩内，我们的贝壳灯就做好啦！只要将室内灯关闭，或是处于较暗的环境，贝壳小夜灯就会自动亮起来，给你带来光明！

图 16.20

六、实验与创新

你觉得小夜灯会用在哪里？谁会使用它？如果请你为大家介绍小夜灯的功能，你会如何介绍呢？

现在，请你参照生活中的电器说明书，试着为小夜灯绘制一份使用说明手册！

使用说明手册需要包括以下内容：

（1）贝壳小夜灯的功能及使用方法。

（2）贝壳小夜灯的设计元素。

（3）一幅贝壳小夜灯的使用场景图。

（4）其他你想加入的介绍内容。

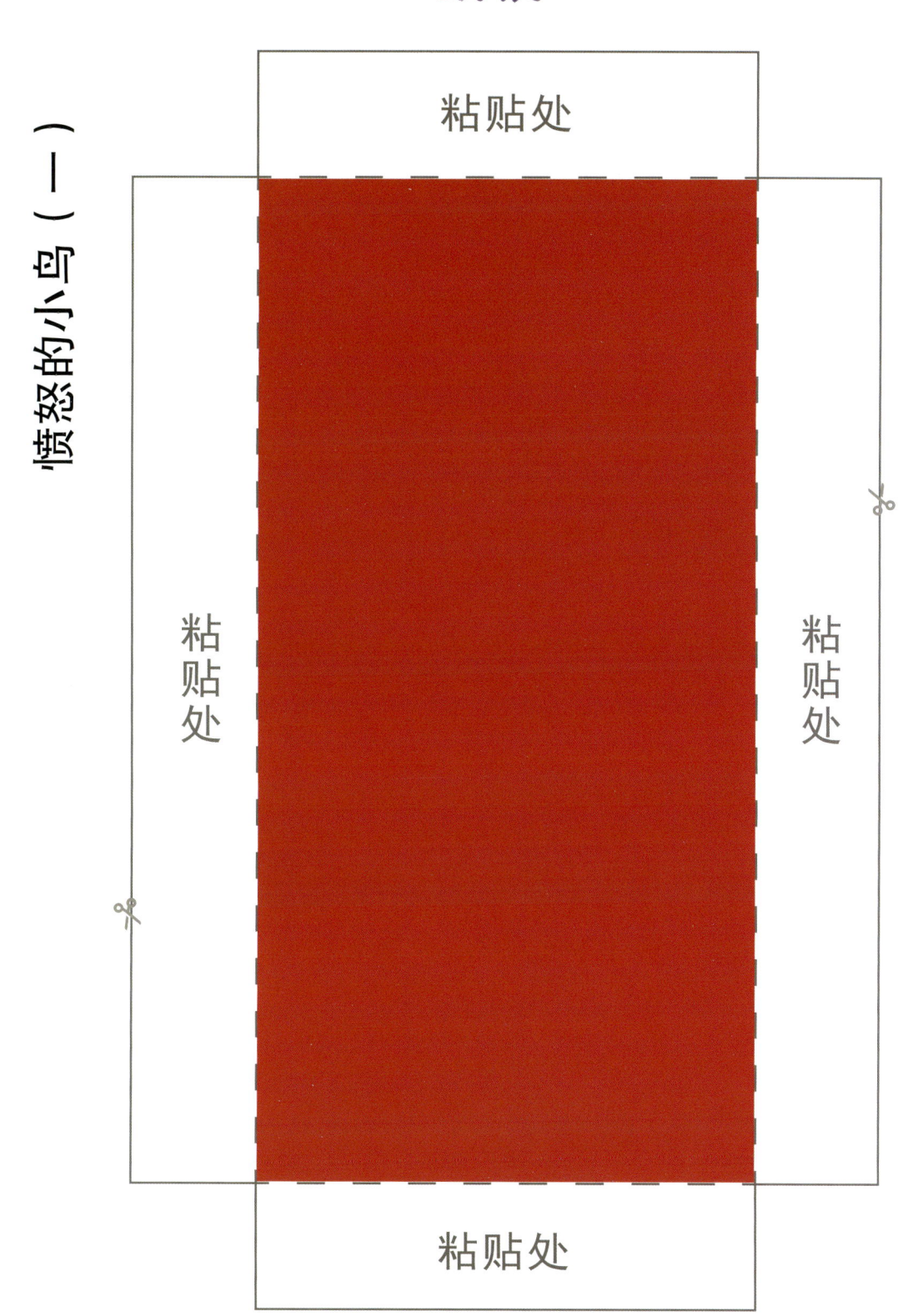

纸模

愤怒的小鸟（一）

粘贴处

粘贴处

粘贴处

粘贴处

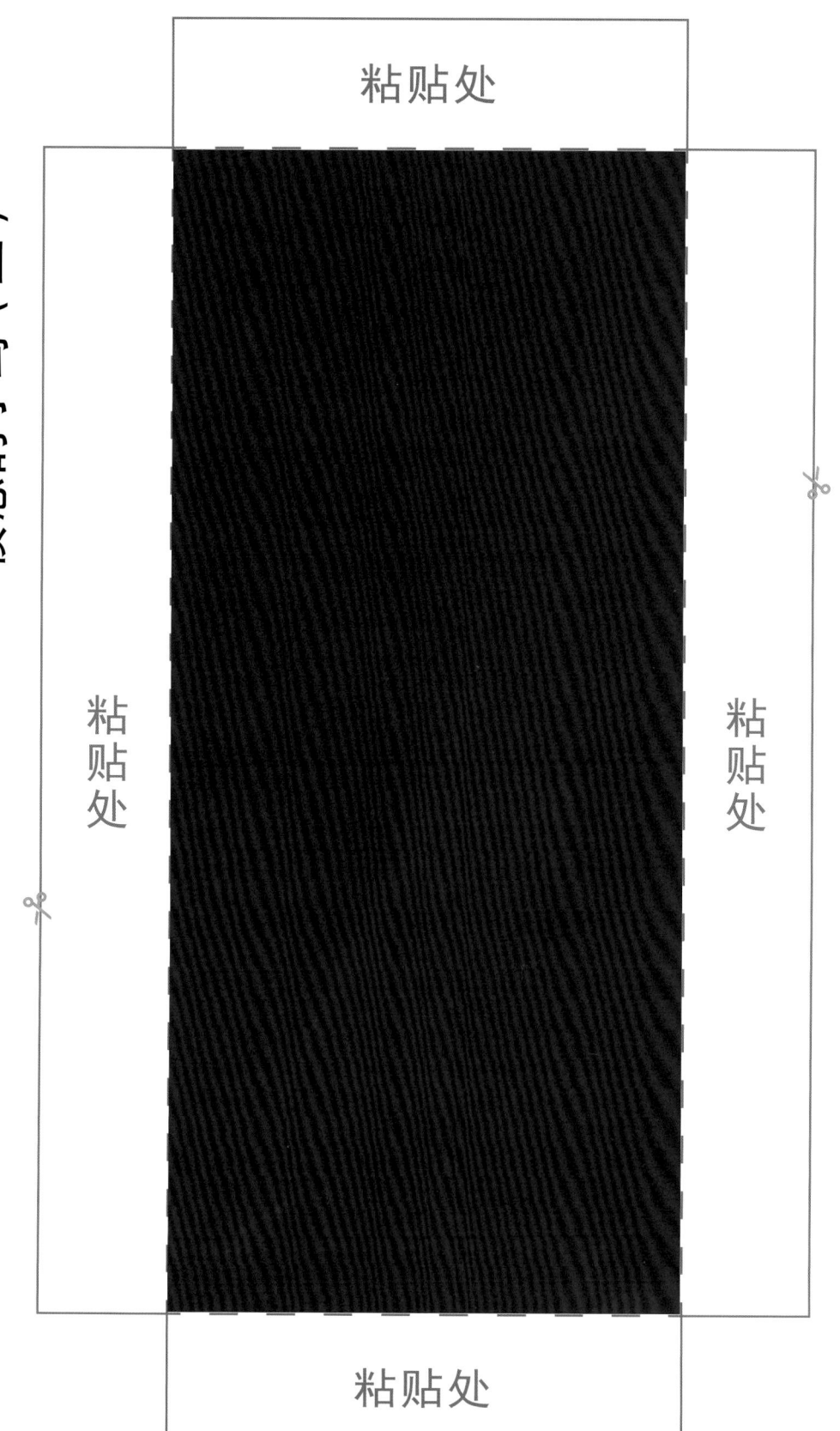

愤怒的小鸟（二）

粘贴处

粘贴处

粘贴处

粘贴处

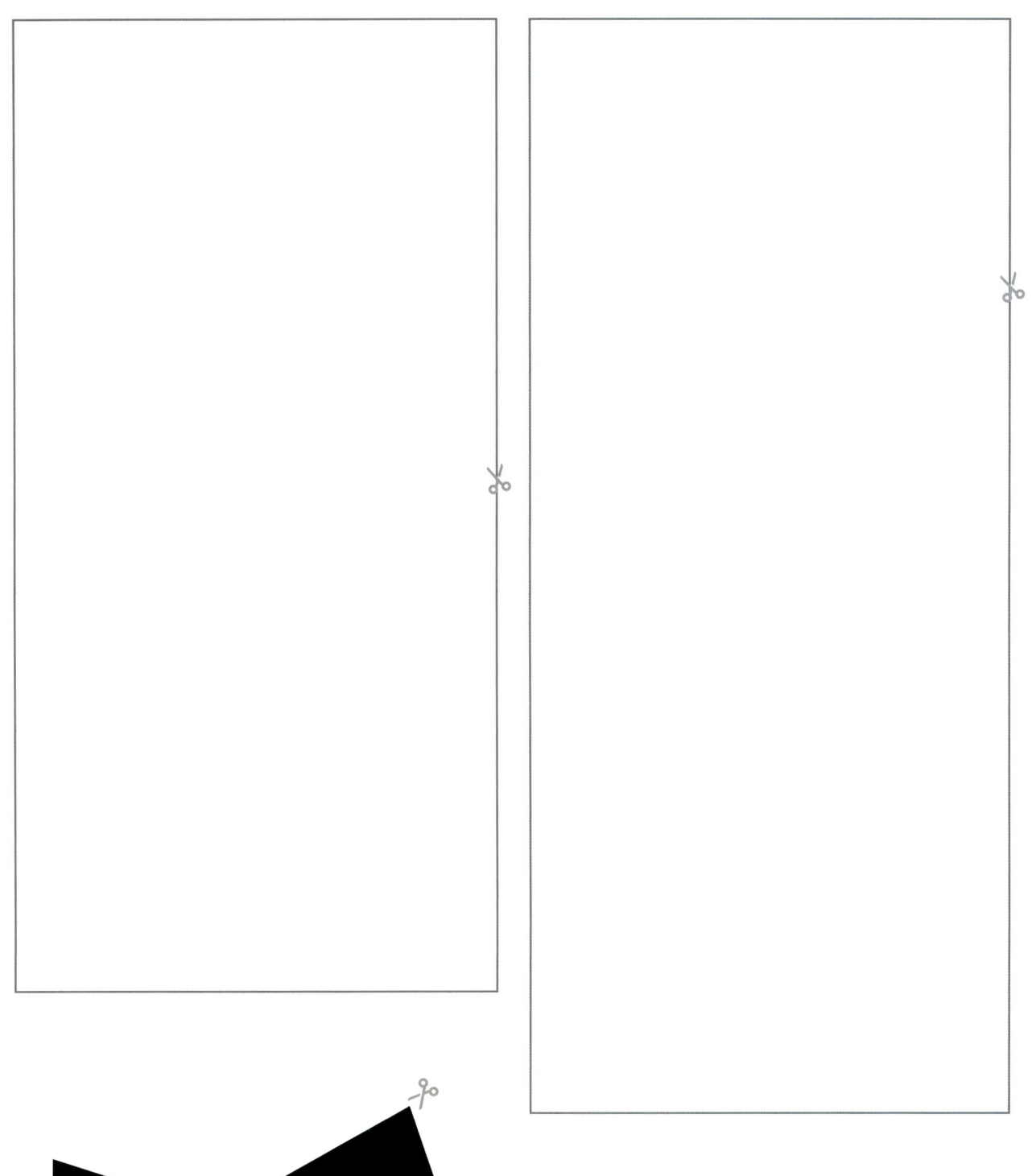

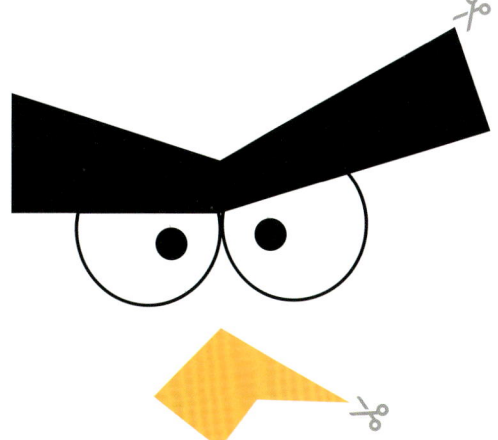

愤怒的小鸟（三）

重力迷宫（一）

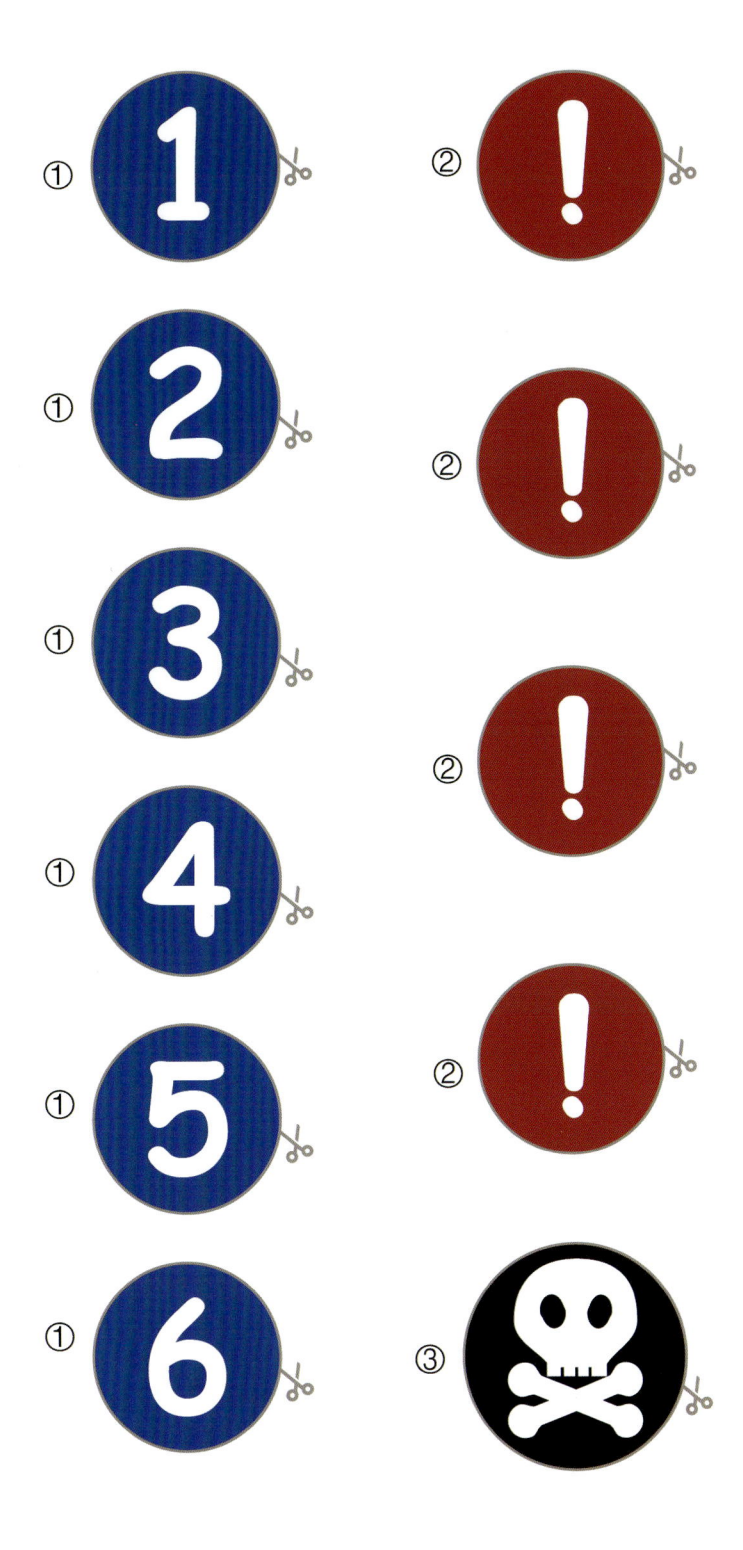

① 1
① 2
① 3
① 4
① 5
① 6

② !
② !
② !
② !
③ ☠

重力迷宫（二）

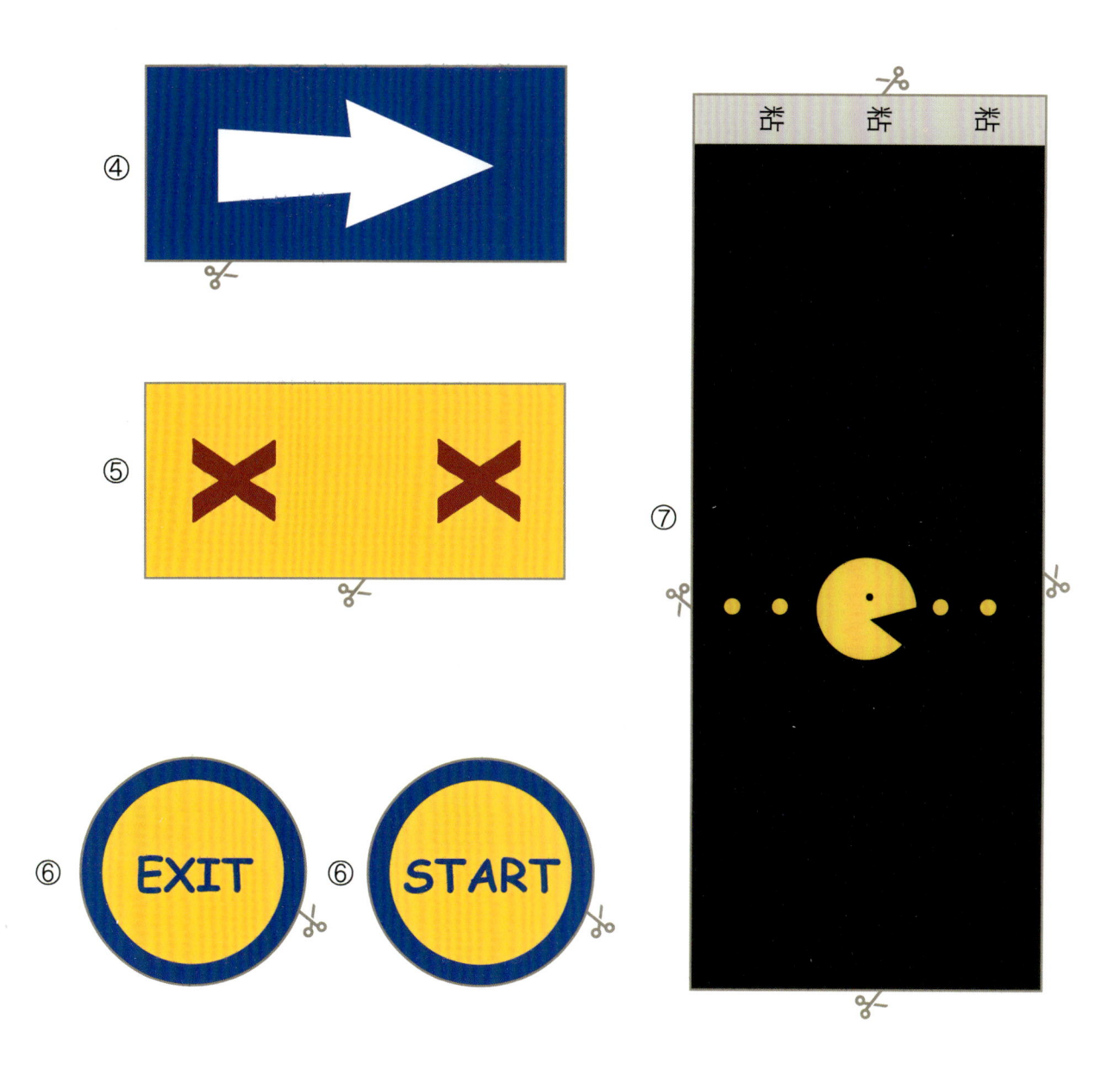

④
⑤
⑥ EXIT
⑥ START
⑦

粘　粘　粘

放大声音兽（一）

挑选你喜欢的小怪兽配备与斑点，打造一只你的放大声音兽！

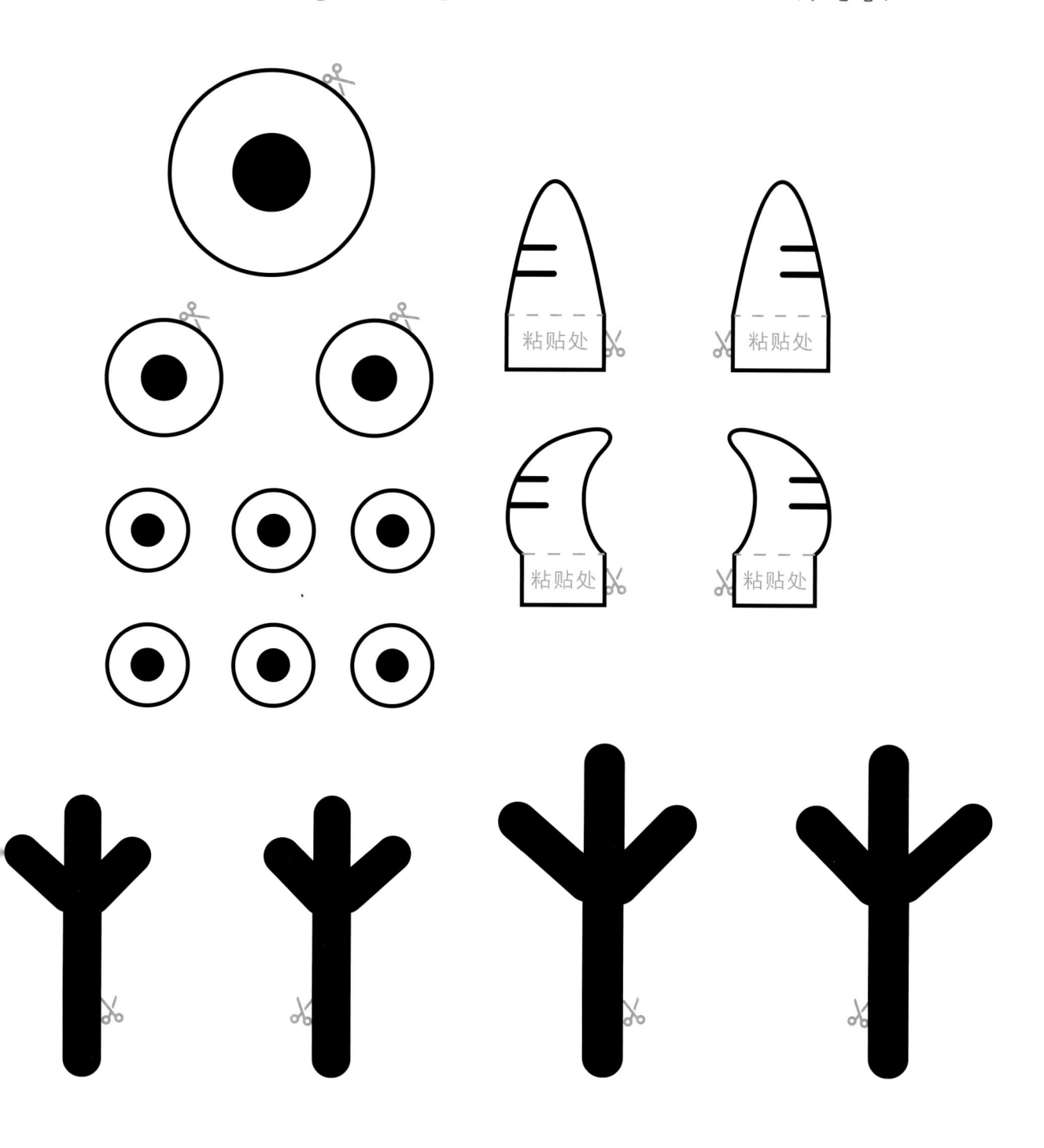

粘贴处　粘贴处

粘贴处　粘贴处

放大声音兽（二）

粘贴处

电流急急棒

弹力火箭

沿着边线剪下火箭与发射台图纸，动手装饰你的弹力火箭与发射台吧！

今天吃什么

洗衣刷碰碰车

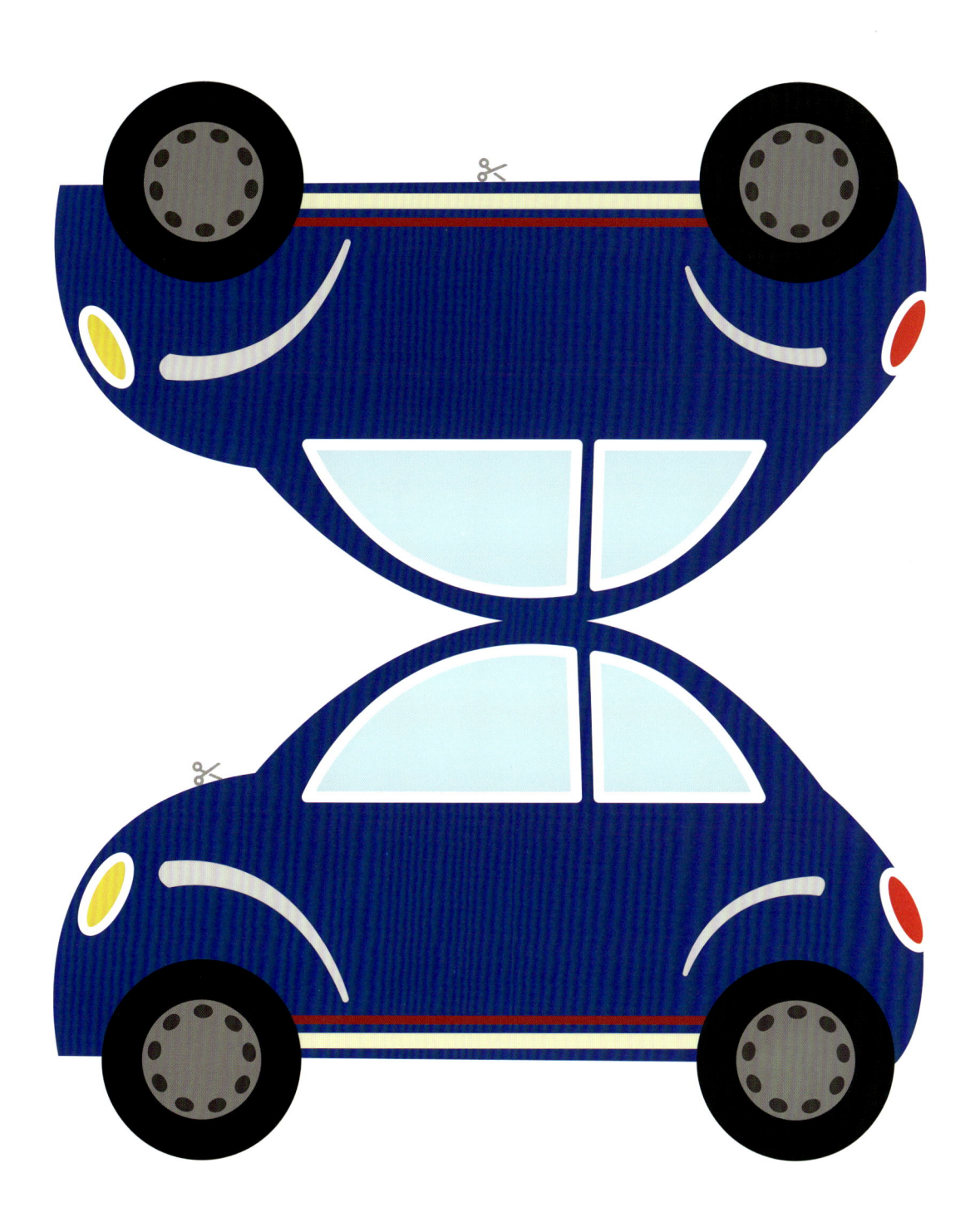

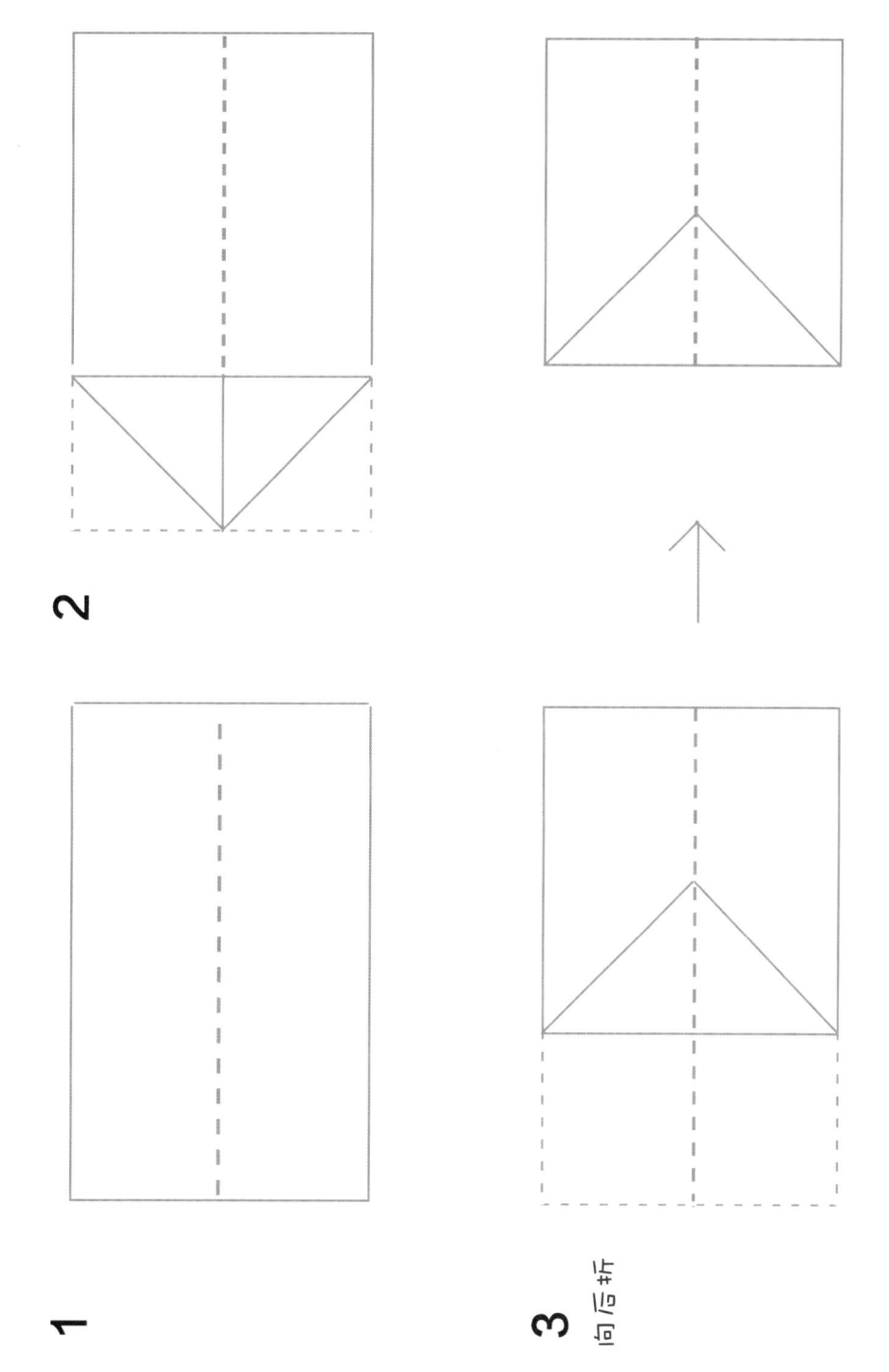

纸飞机发射器（一）

1

2

3 向后折

纸飞机发射器（二）

4 左右顶点向中心点折

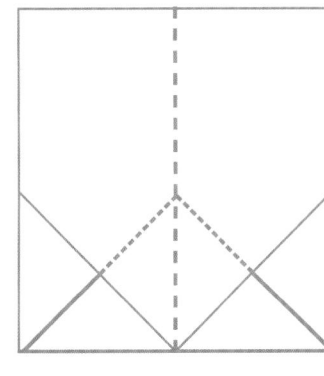

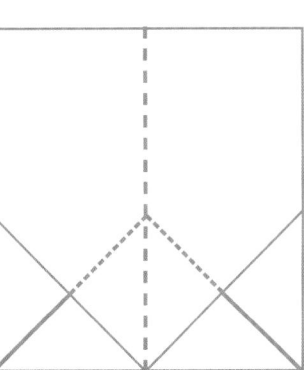

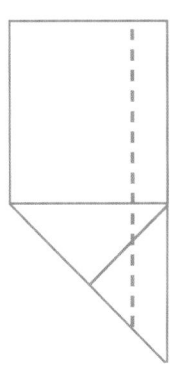

5 对折

6 左右两边沿着虚线对折

7 侧面效果

滚动电视机（一）

为布布老师和小地球设计故事情节，并将他们的对话分别填入对话框中。

填好之后，沿着黑色的框线将格子剪下。

想想看，你们能为布布老师设计出怎样的故事呢？

滚动电视机（二）

滚动电视机(三)

会说话的相框（一）

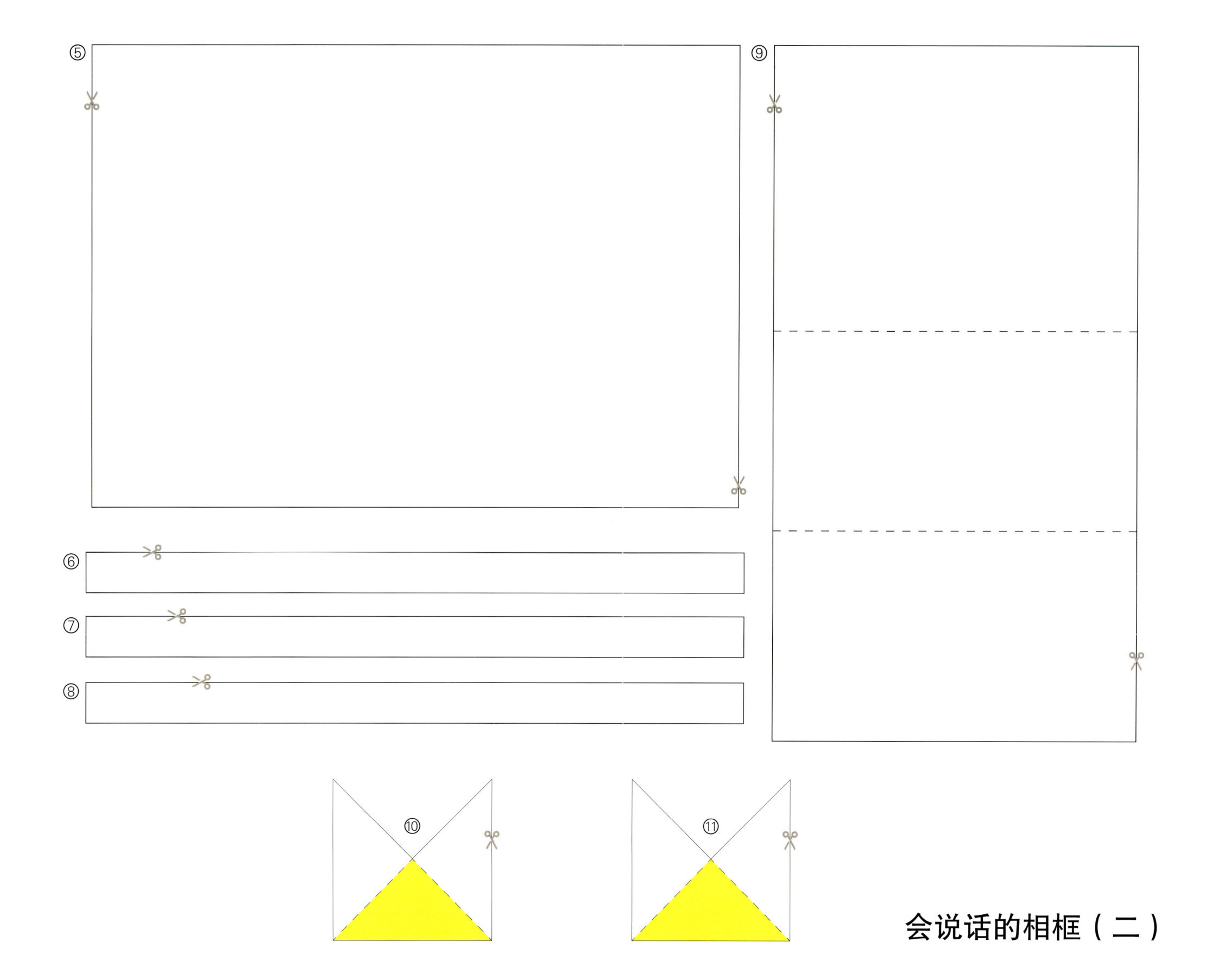

会说话的相框（二）

感应磁铁廊灯

沿着外框将纸剪下，使用胶带将灯罩模版纸粘在灯罩彩纸背面后，使用美工刀将灰色部分割除。
你也可以直接在彩纸上割下你喜欢的图案，让你的灯罩更特别喔！

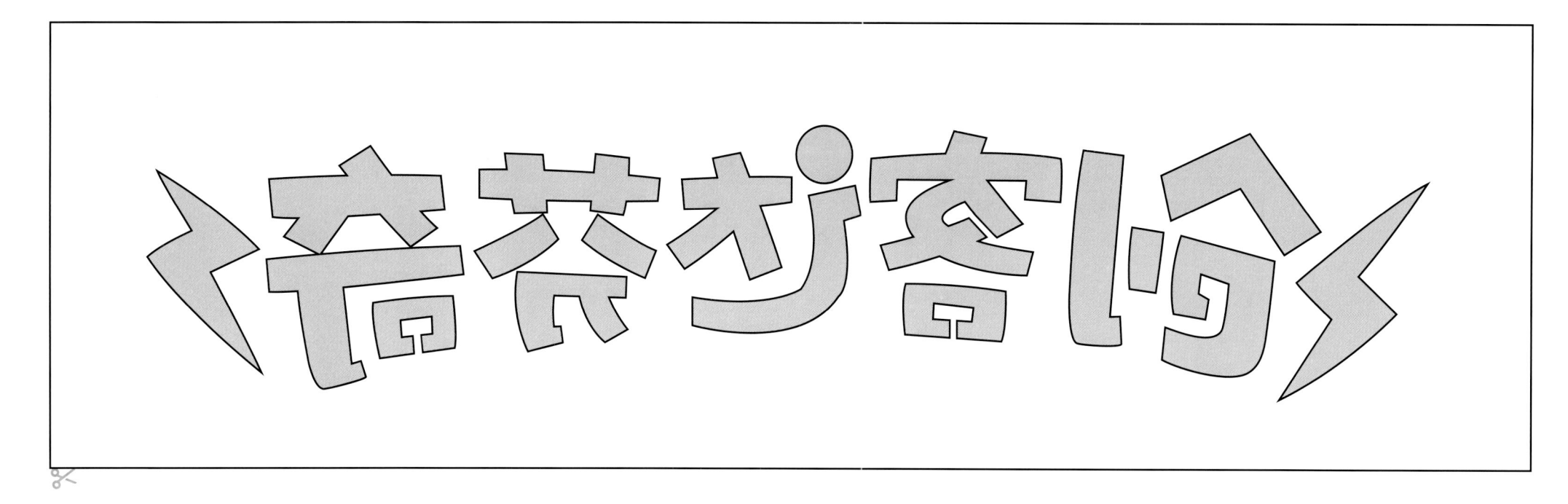

闪客über行

ON AIR

贝壳小夜灯（一）

贝壳小夜灯（二）

贝壳小夜灯（三）